herausgegeben von Dr. Karl Bayer, Dr. Gerhard Fink und Dr. Friedrich Maier

ARBEITSHEFT LATEIN I

zu CURSUS NOVUS I

von

Kurt Benedicter — Dr. Gerhard Fink

C. C. BUCHNERS VERLAG · BAMBERG
J. LINDAUER VERLAG (SCHAEFER) · MÜNCHEN
R. OLDENBOURG VERLAG · MÜNCHEN

MEDIOTHEK

herausgegeben von Dr. Karl Bayer, Dr. Gerhard Fink und Dr. Friedrich Maier

Einbandgestaltung von Fritz A. Schubotz, München
mit Schüler-Graffito – auf rotgrundigem Wandverputz –
aus Raum 10 der römischen Villa von Ahrweiler „Silberberg" (2.-3. Jh.)
Aufbewahrungsort: Landesamt für Denkmalpflege Rheinland-Pfalz, Außenstelle Koblenz,
dem auch der Dank für die Abbildungsgenehmigung gebührt.

Übersetzung:
„Wer nicht gut gelernt hat, pflegt ein Schwätzer zu sein.
Die Peitsche des grausamen Gratius hat mich die Schrift gelehrt."

Skizzen im Text von Peter Tobolla, Heroldsberg b. Nürnberg

1. Auflage 1 ^{5} ^{4} ^{3} ^{2} | 1987 86 85
Die letzte Zahl bedeutet das Jahr des Druckes.

Alle Drucke dieser Auflage sind, weil untereinander unverändert,
nebeneinander benutzbar.

C. C. Buchners Verlag   ISBN 3-7661-**5561**-X
J. Lindauer Verlag   ISBN 3-87488-**751**-0
R. Oldenbourg Verlag   ISBN 3-**486**-85601-4

Die fettgedruckten Ziffern sind die jeweiligen Bestellnummern

© 1983 by C. C. Buchners Verlag, J. Lindauer Verlag und R. Oldenbourg Verlag
Alle Rechte vorbehalten

Das Werk ist urheberrechtlich geschützt. Die dadurch begründeten Rechte, insbesondere die der Übersetzung, des Nachdrucks, des Vortrags, der Entnahme von Abbildungen, der Funksendung, der Wiedergabe auf photomechanischem oder ähnlichem Wege und der Speicherung, Verwendung und Verwertung in Datenverarbeitungsanlagen, bleiben, auch bei nur auszugsweiser Verwertung, vorbehalten. Die in den §§ 53 und 54 URG vorgesehenen Ausnahmen werden hiervon nicht betroffen. Werden mit schriftlicher Einwilligung der Verlage einzelne Vervielfältigungsstücke für gewerbliche Zwecke hergestellt, ist an die Verlage die nach § 54, Abs. 2 URG zu zahlende Vergütung zu entrichten, über deren Höhe die Verlage Auskunft geben.

Gesamtherstellung: Graphischer Großbetrieb Friedrich Pustet, Regensburg
Printed in Germany

Vorwort

Dieses Arbeitsheft ist auf den 1. Band des Unterrichtswerkes CURSUS NOVUS abgestellt, und zwar bis in die *Numerierung* der Kapitel hinein.

Es bietet vielfältige Formen der Übung und Lernerfolgskontrolle:

- Unterscheidungsübungen
- Umformungsübungen
- Einsetzübungen
- Kombinationsübungen
- Rätsel
- Wortfeldübungen
- Tests
- Probeschularbeiten

Die Übungen sind bewußt abwechslungsreich angelegt. Durch Verzicht auf langwierige Schreibarbeit und durch den Appell an Selbstständigkeit, Witz und Pfiffigkeit des Benützers wollen sie erreichen, daß die notwendige Arbeit auch Freude macht. Vielleicht tragen auch die Illustrationen eines 14jährigen Schülers ein wenig dazu bei.

Im einzelnen wollen die Übungen den folgenden **Zwecken** dienen:

- Sie wollen die schulischen und häuslichen **Arbeitsmöglichkeiten vermehren.**
- Sie wollen, wo dies erforderlich ist, die für das Lateinlernen unentbehrlichen **Voraussetzungen sichern.** Hierfür sind vor allem die in einem Anhang beigegebenen Aufgaben zur *Allgemeinen Grundgrammatik* gedacht.
- Sie wollen durch Einprägen des Wichtigen **Sicherheit schaffen.**
- Besonderer Wert ist deshalb auf **systematische Wiederholung** von Lerngebieten gelegt, auf denen erfahrungsgemäß gern Lücken auftreten, wie z. B. bei den wichtigen *Partikeln* (den sog. „kleinen Wörter").
- Regelmäßig wiederkehrende *Tests,* die den gesamten anfallenden Grammatikstoff erfassen, sollen eine zuverlässige **Selbstüberprüfung des Kenntnisstandes** ermöglichen. Ein begegebener Lösungsteil sorgt dafür, daß es hierzu keiner Hilfe von außen bedarf.
- Immer schon haben sich Eltern und Schüler gewünscht, vor entscheidenden Schulaufgaben (Klassenarbeiten) **„den Ernstfall proben"** zu können. Besonders interessant dürften daher die in zweckmäßigen Abständen angebotenen *Probeschularbeiten* sein. Der Lösungsteil stellt auch für sie das erforderliche Kontrollmaterial bereit.
- Jeder Schüler kann mit Hilfe des Arbeitsheftes, insbesondere anhand der Tests, eine gründliche **Ferienwiederholung** vornehmen, wenn dies (z. B. vor einer Nachprüfung) erforderlich ist.

Der (herausnehmbare) Lösungsteil erlaubt es, die Richtigkeit der jeweiligen Lösungsversuche jederzeit zu überprüfen.

Für jeden Test gibt eine *Bewertungsskala* unmißverständlich Auskunft über das, was man geleistet hat. Hierbei wurde ein (weithin gültiger) mittlerer Maßstab zugrundegelegt. Ähnliches gilt für die als Probeschularbeiten ausgewählten Texte. Sie wurden mit vielen Fachkollegen besprochen und im Unterricht erprobt. Sie dürften im Schwierigkeitsgrad eine „gesunde Mitte" halten.

So darf man erwarten, daß mit diesem Arbeitsheft Lehrern und Schülern eine willkommene Ergänzung zum eigentlichen Unterrichtswerk geliefert wurde, die dazu beiträgt, schlechte Lateinnoten im Anfangsunterricht Seltenheitswert zu verleihen.

Die Verfasser

1 Versuche, aus dem Gedächtnis sieben der acht PARTIKELN („kleinen Wörter" wie *et*) aus Wortspeicher 1 lateinisch und deutsch aufzuschreiben! Stelle auch fest, wieviel Zeit Du dafür benötigst!
(↗Lösungsteil!)

1. .... : ....   2. .... : ....   3. .... : ....

4. .... : ....   5. .... : ....   6. .... : ....

7. .... : ....

2 1 Die **Satzglieder** des folgenden Satzes sind durch Senkrechte (|) getrennt. Trage darunter die zutreffenden Bezeichnungen ein!

| Ubi | Marcus et Cornelia | hodie | sedent et exspectant? |

....

2 2 Suche zu den drei Bildchen passende Unterschriften!

....

3 1 Zur Lösung der folgenden Aufgabe kann ein Lineal nützlich sein:

Linien, die von den Wortstöcken (links) zu den richtigen Ausgängen (Mitte) und weiter zu den passenden Prädikaten (rechts) führen, sollen zeigen, was zusammengehört:

adversari-	-a	tacet
port-	-i	clamat
tub-	-us	pugnant
popul-	-ae	delectant
lud-	-a	sonat
Corneli-	-i	patent

5

3 2 Hier ist eine Zusammenstellung unveränderlicher „kleiner Wörter":

iterum — cur — subito — ibi — sed — etiam — diu — et — hodie — iam — nunc — non iam — ecce — ubi — non — nam

Welche davon passen in die folgenden Sätze am besten? Oft sind zwei Lösungen möglich, manchmal noch mehr.

1. Syrus .... intrat.
2. .... Marcus stat?
3. Syrus et Barbatus .... pugnant.
4. Populus exsultat, ... Marcus gaudet.
5. ....! Syrus .... temptat,¹ vulnerat, necat!
6. .... Barbatus iacet.
7. .... Marcus tacet, ... Cornelia.
8. Cornelia .... tacet .... trepidat.

¹) temptat: *er greift an*

3 3 Test zu den Kapiteln 1-3

Fragen und Aufgaben:	Punkte:	Lösung im GB:
1. Welche Endung bezeichnet im Lateinischen die 3. Person Plural? .... (1)		2.G1
2. Welches Wort ist im folgenden Satz Prädikat? *Nunc Marcus non iam gaudet.* .... (1)		1.G1
3. Wie bezeichnen wir das ergänzende Satzglied *nunc*? .... (1)		1.G2
4. Wie fragt man nach dem Subjekt eines Satzes? .... (2)		1.G1.3
5. Wo steht im Lateinischen in der Regel das Prädikat? .... (1)		1.G1.2
6. Trenne durch einen senkrechten Strich bei der Substantivform T U B A E den Ausgang vom Wortstock! (1)		2.G2.2
7. Übersetze: das Volk und die Spiele .... (2)		(WSp.2) 2.G2

DIESER TEST IST IN FORM UND INHALT URHEBERRECHTLICH GESCHÜTZT UND

Übertrag: (9) .....

Test zu den Kapiteln 1-3: Fortsetzung	Punkte:	Lösung im GB:

Übertrag: (9) .....

8. Verneine den folgenden Satz!
   Ecce! Barbatus pugnat.

   .... (1) ..... (WSp.3)

9. Übersetze: sie sitzt .... (1) ..... (WSp.1)
   1.Gl.3

10. Wie lautet die Endung?
    Ibi Syrus et Barbatus sta................ (1) 2.Gl

    (12) .....

DARF DESHALB IN KEINEM VERFAHREN

---

4 1 Ergänze die fehlenden Ausgänge!

Marcus Corneli........... diu exspectat. Subito amic........... videt. Cornelia Marc........... salutat. Tum sedent et lud........... spectant. Lud........... popul........... delectant; Corneli........... lud........... non delectat.

4 2 Mit lateinischen Wörtern „geht" diese merkwürdige Rechnung:

.... – .... = ...
(er sitzt)   (sondern)   (und)

4 3 Bilde mit Hilfe des folgenden „Schaltbretts" fünf sinnvolle Sätze, indem Du jeweils ein Satzglied aus der linken, mittleren und rechten Spalte entnimmst!

populus	hortum	salutant
amici	ludos	vocant
tubae	Marcum	exspectat
Claudius	adversarios	possidet
Cornelia	servos	intrat

5 **1** Gegen sämtliche Trennungsregeln wurden hier lateinische Wörter zerhackt; im linken Kasten sind die Anfänge, im rechten die abgeschnittenen Enden gut durchgemischt.

Beseitige die Verwirrung in möglichst kurzer Zeit!

st	vil	ami
mon		subi
pop		int
sede		eti
ite		possi

strare		uli
atis		cos
am		rum
deo		ro
mus	to	las

5. ....
6. ....
7. ....
8. ....
9. ....

1. .... 3. .... 10. ....
2. .... 4. .... 11. ....

5 **2** Erweitere die folgenden Sätze durch Akkusativobjekte, die von den Infinitiven abhängig sind!

Folgende Substantive stehen zur Auswahl:

servus — Barbatus — amica — tabula — serva — statua

1. Marcus .... salutare non dubitat.
2. .... et .... spectare iuvat. 3. Syrus .... necare cogitat.
4. Claudius .... et .... vocare properat.

Syrus statuam necare cogitat

6 **1** In der folgenden Reihe sind Nominativ- und Akkusativformen gemischt. Die Fälle sollen gegeneinander vertauscht werden (Nominativ wird Akkusativ, Akkusativ wird Nominativ).
Bei welchen Formen entstehen Probleme? Setze zu ihnen ein Rufzeichen!

porta .... fora ....
filium .... templum ....
servas .... amicos ....
feminae .... aurum ....
monumenta .... tabula ....

2 Test zu den Kapiteln 4–6

Fragen und Aufgaben:	Punkte:	Lösung im GB:

1. Gibt jeweils die Wortart an:

   sed ....

   quod .... (2) 6.G2

2. Wie lautet der Infinitiv Präsens Aktiv zu *gaudeo*?

   .... (1) 5.G1

3. Welche Endung bezeichnet im Indikativ Präsens Aktiv die 1. Person Plural?

   .... (1) 4.G2

4. Ergänze die fehlende Endung!

   Claudium divitiae delecta............ (1) 5.G2

5. Welches Satzglied stellt der Infinitiv im folgenden Satz dar?

   Narrare iuvat. .... (1) 5.G1

6. Setze die Pluralform in den Singular, die Singularform in den Plural!

   filia .... *dona* .... (2) 6.G1

7. Wie fragt man nach dem Akkusativobjekt?

   .... (2) 4.G1.1

8. Stelle den folgenden Pluralformen die entsprechenden des Singulars gegenüber!

   gaudetis .... (1) 4.G2

   stamus .... (1)

   videmus .... (1)

9. Wie nennt man Verben, die ein Akkusativobjekt verlangen?

   .... (1) 4.G1.1

10. Bilde zu folgenden Wörtern lateinisch **und** deutsch den entsprechenden Akkusativ!

    hortus .... (2) 4.G1.2

    gladii .... (2)

    villa .... (2)

    ludus .... (2)

    (22) ......

DIESER TEST IST IN FORM UND INHALT URHEBERRECHTLICH GESCHÜTZT UND DARF DESHALB IN KEINEM VERFAHREN VERVIELFÄLTIGT WERDEN · DIESER TEST IST IN

7 1 Hier geht es um die Verbindung von Substantiven mit Adjektiven. Welche sinnvollen Paare lassen sich mit Hilfe der beiden folgenden Reihen bilden?

aedificium — amicus — feminae — dona — pecunia — ludus — populi
multus — maestus — tot — magnus — necessarius — malus — opulentus

1. .... 2. ....
3. .... 4. ....
5. .... 6. ....
7. ....

7 2 Übersetze die folgenden englischen Ausdrücke ins Lateinische und bezeichne auffällige Unterschiede durch Unterstreichen!

many friends .... he is sad ....

I don't see .... to ask ....

she doesn't like the pictures ....

he cannot answer ....

8 1 Auswahltest zu den Kapiteln 7–8

Zu jeder der gestellten Aufgaben gibt es nur **eine** richtige Antwort. Kennzeichne sie jeweils durch Ankreuzen im entsprechenden Kästchen!

w x y z

1. Welche der nebenstehenden Formen kann **kein** Vokativ sein?	Syre amici filiae bene	☐ ☐ ☐ ☐
2. Welche syntaktische Funktion hat der Infinitiv in folgendem Satz? *Claudius tabulas monstrare cogitat.*	Prädikat Objekt Attribut Subjekt	☐ ☐ ☐ ☐
3. Drei von den vier Begriffen rechts vervollständigen eine wichtige Regel: „Das Adjektiv als Prädikatsnomen richtet sich nach dem Subjekt in ...." Welcher Begriff paßt **nicht**?	Fall Geschlecht Deklination Zahl	☐ ☐ ☐ ☐

Auswahltest zu den Kapiteln 7–8: Fortsetzung

w x y z

4. Auch in dieser Reihe ist ein Irrläufer versteckt:
   - dona
   - tuba
   - tabula
   - pecunia

5. In dem Satz
   Amici boni te amant
   ist das Adjektiv
   ....
   - Prädikatsnomen
   - Subjekt
   - Attribut
   - Objekt

6. Welcher der nebenstehenden englischen Subjunktionen entspricht das lateinische *si*?
   - when
   - that
   - if
   - as

7. Wieder ist ein Wort aufzuspüren, das nicht in die Gruppe paßt:
   - servae
   - ludi
   - templa
   - divitiae

8. Der folgende kurze Satz braucht noch Endungen und Ausgänge; welche Zeile enthält die einzig passenden?

   Popul......... lud....... specta....... iuva.......
   - -us -os -re -t
   - -um -i   -re -nt
   - -um -os -re -t
   - -os -um -nt -re

9. Ein Geschäft, in dem alte Bücher verkauft werden, bezeichnet man als ....
   - Antike
   - Antiquariat
   - Boutique
   - Aquarium

10. Welche der hier genannten Wortarten kann man konjugieren?
    - Präpositionen
    - Adjektive
    - Substantive
    - Verben

GESCHÜTZT UND DARF DESHALB IN KEINEM VERFAHREN VERVIELFÄLTIGT WERDEN · DIESER TEST IST IN FORM UND INHALT URHEBERRECHT

8 **2** Gib zu den folgenden Adjektiven das Gegenteil an!

magnus ....

iustus ....

maestus ....

bonus ....

stultus ....

9 **1** Mit Hilfe der Substantive

deus — forum — femina — donum — Roma — villa — populus — tabula — hortus — servus — amicus — aedificium — scientia — divitiae

sind mindestens 14 sinnvolle Nominativ-Genitiv-Verbindungen zu bilden in der Art

▶ amicus - Marcus ⇒ amicus Marci

Die Substantive dürfen in Singular **und** Plural gebraucht werden; mehrfache Verwendung eines Wortes ist zulässig.

1. .... 2. .... 3. ....
4. .... 5. .... 6. ....
7. .... 8. .... 9. ....
10. .... 11. .... 12. ....
13. .... 14. .... (15.) ....

9 **2** Ordne die folgenden Wörter und Formen richtig in die entsprechenden Rubriken ein!

potes — servam — itaque — quod — fidi — monumento — curo — multa — nam — theatra — feminae — dum — narras — invitamus — enumerare — quot — autem

Substantive: .... | .... | .... | ....

Adjektive: .... | .... | .... | ....

Verben: .... | .... | .... | ....

Konjunktionen: .... | .... | ....

Subjunktionen: .... | ....

12

10 1 Kennzeichne im folgenden die Verben durch Unterstreichen, die ein Dativobjekt bei sich haben können!

exspectare — monstrare — narrare — spectare — rogare — vocare — sedere — videre — invitare — pugnare — amare — dare — possidere — enumerare — gaudere — curare — cogitare — dubitare — properare — patere — salutare — portare — iacere — intrare — parare — migrare — delectare — necare — iuvare — agitare

10 2 Stelle außerdem fest, welche der oben angeführten Verben **weder** mit einem Akkusativ (auch Objektinfinitiv) **noch** mit einem Dativ verbunden werden können, und schreibe sie heraus!

1. .... 2. .... 3. ....

4. .... 5. ....

10 3 **Claudius macht Schluß**

1. Lydia amica nova Claudii est.
2. Quod Claudius opulentus est, saepe magna dona exspectat.
3. Si Claudius interdum parvum donum portat, Lydia non gaudet.
4. Donum amici non laudat, sed maesta est et rogat:
5. „Cur amicae non aurum et argentum das? Opulentus es, claras statuas deorum et dearum possides!"
6. Tum Claudius: „Pecuniae cupida es, Lydia! Non me[1], sed divitias amas!
7. Vera et fida amica non es; itaque migrare potes.
8. Te[2] non iam amo, nam non tam stultus sum!"

[1]) me: *mich*   [2]) te: *dich*

10 4 **Test** zu den Kapiteln 6–10

TSTSTSTSSS!!

Fragen und Aufgaben:	Punkte:	Lösung im GB:
1. Welche Funktion erfüllt das Adjektiv im folgenden Satz? *Claudius opulentus est.* .... (1)	DIESER TEST IST IN FORM	7.G2
2. Welches Geschlecht haben die Substantive auf *-um, -i*? .... (1)		6.G1
	Übertrag: (2)	

| Test zu den Kapiteln 6–10: Fortsetzung | Punkte: | Lösung im GB: |

Übertrag: (2) ......

3. Bilde den Vokativ zu *amicus fidus*!

   .... (2) 8.G1

4. Gib drei Beispiele dafür an, daß das Geschlecht der lateinischen Substantive vielfach nicht mit dem ihrer deutschen Bedeutung übereinstimmt!

   (z. B.) .... (1) ...... — — —

   .... (1) ...... — — —

   .... (1) ...... — — —

5. Welches Satzglied stellt der Genitiv im folgenden Satz dar:
   Marcus amicus Corneliae est. .... (1) 9.G2.1

6. Wie fragt man nach dem Dativobjekt? .... (1) 10.G1

7. Bilde zu den folgenden Substantiven, die teils im Singular, teils im Plural stehen, die entsprechenden Dative lateinisch **und** deutsch!

   templa .... (2) 10.G1

   serva .... (2) ......

   hortus .... (2) ......

   populi .... (2) ......

8. Wie bezeichnet man den im folgenden Satz von Kommata eingeschlossenen Ausdruck?
   Amici statuas et tabulas, divitias Claudii, spectant.

   .... (1) 8.G2

9. Gib den Ausdruck *pecuniae cupidus* mit **einem** deutschen Wort wieder!

   .... (2) 9.G2.2

Übertrag: (20) ......

Test zu den Kapiteln 6-10: Fortsetzung	Punkte:	Lösung im GB:

Übertrag: (20) ......

10. Welche der bisher gelernten lateinischen Wörter bezeichnen:

W Sp.:

Baulichkeiten: .... (2) 2/4

.... (2) 6

.... (2) 6, 8

Getränke: .... (1) 10

Metalle: .... (2) 6

Berufe: .... (2) 4

.... (1) 10

Kunstwerke: .... (2) 4, 5

.... (2) 6

schlechte
Eigenschaften: .... (2) 7/8

.... (2) ......

.... (1) ......

(41) ......

11 1 Die folgenden Präpositionen sind so in die fünf kurzen Sätze einzufügen, daß sich ein guter Sinn ergibt:

cum — cum — ex — in — sine — de — in

1. Marcus saepe .... ludis narrat.
2. Hodie .... Cornelia .... Colosseo sedet.
3. .... amica non libenter .... theatro est.
4. Magna .... scientia deos Romanorum enumerat.
5. Magnas divitias et statuas .... auro et argento Marcus non possidet.

11 2 In dieser Übung sind die Fälle der einzelnen Substantiv- und Adjektivformen zu bestimmen und (mit eindeutigen Abkürzungen wie Akk., Abl.) in die dafür vorgesehenen Kästchen einzutragen:

Multa pro auro et argento amicae dare potes, Marce.

| .... | .... | .... | .... | .... |

Cur maestus es et in-gratus?

| .... | .... |

Populus Romanus in foro deis patriae templa clara aedificat.

| .... | .... | .... | .... | .... | .... | .... | .... |

11 3 Was für ein Satzglied kann *amici* im folgenden Satz sein?

Tabulas amici spectant.

.... oder ....

12 1 In die folgenden Kästchen ist jeweils noch ein Begriff zu den drei bereits vorhandenen so einzufügen, daß die beiden waagrechten Paare jeweils dieselbe gedankliche Klammer verbindet.

▶ Arbeitsbeispiel:

maestus	laetus
parvus	....

Die richtige Lösung ist *magnus* als Gegenbegriff zu *parvus* (wie *maestus* Gegenbegriff zu *laetus* ist).

Bacchus	vinum
Minerva	....

tabulam	monstrare
fabulam	....

villa	aedificium
Romani	....

cum	sine
possidet	....

iustus	iniustus
amicus	....

dono	delectare
contumeliā	....

12 2 Neben den von 1 bis 7 durchnumerierten Sätzen stehen, mit Kleinbuchstaben bezeichnet, bloße Ablative und Ablative im Präpositionalgefüge.
Wie sind sie zuzuordnen? Achte dabei auf die kleingedruckten Hilfen!

1. Syrus .... pugnat.   a) cum amica
        (Mittel)

2. Cur Graecos .... violatis?   b) scientia
                    (Mittel)

3. Feminae .... properant.   c) magna cum diligentia
              (Ort)

4. Marcus .... ludos spectat.   d) gladio
          (Begleitung)

5. Romani templa .... curant.   e) contumeliis
                (Art und Weise)

6. Qui *(Wer)* stultus est, ... vacat.   f) fabula
                      (Trennung)

7. Amici Graeci .... gaudent.   g) ex templo
              (Grund)

Lösungen: 1 ☐ 2 ☐ 3 ☐ 4 ☐ 5 ☐ 6 ☐ 7 ☐
(a, b...?)

13 1 Ein Rätsel

In die Spalten 1–5 sind, jeweils senkrecht, lateinische Wörter folgender Bedeutung einzutragen:

1. sie fragen
2. zu sorgen
3. die Sklaven (Akk.)
4. wir stehen
5. während

Die noch vorhandenen Lücken lassen sich mit den Buchstaben MMMNN ausfüllen.
Das Lösungswort ist das gleiche wie in dem folgenden Rätsel:
Nehmt mir ein nu, dann bin ich ein Nu.

13 2 Test zu den Kapiteln 11–13

Fragen und Aufgaben:	Punkte:	Lösung im GB:

1. Wie lauten die Ausgänge der Substantive auf *-um* im Ablativ Singular und Plural?

   .... und .... (2) 11.Gl.1

2. Wessen Aufgabe übernimmt das Präpositionalgefüge im folgenden Satz?

   Amici de Graecis narrant.

   Die Aufgabe des .... (1) 11.Gl.3.3

3. Wann wird in der Regel ein Personal-Pronomen als Subjekt eines lateinischen Satzes gesetzt?

   Wenn es .... ist. (1) 13.Gl.1

4. Was gibt der bloße Ablativ hauptsächlich an?

   ...., ..., ... (3) 12.Gl.2

   und .... (1) ......

5. Forme die folgenden Sätze so um, daß die Person, die etwas besitzt, im Dativ des Besitzers erscheint!

   Marcus pecuniam non possidet.

   .... (3) 13.G2

   Villas possides.

   .... (3) ......

   Claudius hortum et servos possidet.

   .... (4) ......

6. Auf welche Fragen steht der bloße Ablativ?

   ...., ..., ..., ..., (4) 12.Gl.3

   ...., ... (2) ......

   Übertrag: (24) ......

Test zu den Kapiteln 11-13: Fortsetzung	Punkte:	Lösung im GB:

Übertrag: (24) .....

7. Den folgenden Singularformen von Personal-Pronomina sind die (nach Person und Fall!) entsprechenden des Plurals gegenüberzustellen.

    mihi: .... *te:* .... (2) 15.G1

    de me: .... *tu:* .... (2) .....   GB:

    me: .... *tibi:* .... (2) .....   Tabelle V

8. Vor welchem der folgenden Wörter **muß** die Präposition *e* in der Form *ex* erscheinen, wo ist das kürzere *e* vorzuziehen?   11.G2.1

    .... *horto*   .... *patria*   (2) .....

    .... *auro*   .... *templo*   (2) .....

    .... *villa*   .... *Italia*   (2) .....

                                        (36) .....

„Probeschularbeit" über den Stoff von Kapitel 1-13 (Arbeitszeit: 45 Minuten)

Sklavenprobleme

1. Iterum Claudius cum multis amicis in horto villae sedet.
2. De fortuna servorum disputant, et Claudius:
3. „Servos possidere certe humanum non est, sed necessarium.
4. Ubi est populus, qui (*das, welches*) servis caret?
5. Ego servos meos magna cum diligentia curo; itaque grati et contenti sunt et mihi libenter parent (parēre: *gehorchen*).
6. Ego malus non sum, ira vaco, servos contumeliis non violo, saepe vino delecto."
7. Tum Marcus: „Te vituperare non possum, amice: sed multi non tam boni sunt et tam iusti quam tu.
8. Multos iuvat servos irridere; multi clamant: ‚Quot servi tibi sunt, tot inimici!'"
9. Et Epicharmus: „Fortuna servorum mala est!"

14 **1** Die folgenden Formen, die sämtlich auf *-o* enden, sind in die Sätze so einzuordnen, daß sich ein guter Sinn ergibt. Jedes Wort darf nur einmal verwendet werden. Stelle auch fest, welche Funktion als Satzglieder die Einzelwörter innerhalb der Sätze erfüllen!

gladio — amo — vino — populo Romano — ego — subito — templo — amico

1. Viri .... se implent. (..)
2. .... magnae divitiae sunt. (..)
3. Puer .... clamat. (..)
4. .... litteras Graecas ...., tu Romanas. (.............. / ....)
5. Barbatus Syrum .... vulnerat. (..)
6. Cornelia ex .... properat. (..)
7. .... di severi sunt. (..)

14 **2** Setze wahlweise *miser / integer / liber / pulcher* in der richtigen Form zu den folgenden Substantiven!

populus ....   viros ....   templa ....

amice ....   vitae ....   patria ....

hortis ....   servo ....   tabulam ....

15 **1** Mit seinem Sklaven Istulus hat Claudius keine rechte Freude. Istulus ist faul und widerborstig.

Setze im folgenden Befehle des Claudius ein!

Claudius: „ ...., Istule!" Sed Istulus non paret.

Claudius: „ .... intentus, Istule!" Sed Istulus intentus non est.

Claudius: „ ...., Istule!" Sed Istulus non respondet.

Claudius: „ ...., Istule!" Sed Istulus Claudium non exspectat.

15 **2** In dieser Reihe sind Personal-Pronomina und Possessiv-Pronomina bunt gemischt. Ordne sie in die richtige Rubrik ein!

mihi — mei — tui — te — vos — vobis — vestris — me — tu — tua — nobis — tibi — nostro — ego — meorum — tuum — nos — nostros

Personal-Pronomina: | .... | ..... | ...... | .... | ..... | ..... | (11)
| .... | ..... | ..... | .... | ..... |

Possessiv-Pronomina: | .... | ..... | .... | .... | (8)
| .... | ..... | .... | ..... |

16 1 Setze die folgenden Verbformen ins Futur!

sedeo .... agitant ....

clamas .... statis ....

gaudemus .... dubitat ....

sunt .... est ....

16 2 Dies ist eine Transformationsübung, wie Du sie schon aus dem Übungsteil des CURSUS NOVUS kennst: Jede umgewandelte Form ist zugleich Gegenstand einer neuen Verwandlung (↗9.T im Übungsbuch).

agrum → .... → .... → .... → .... →
          (Genitiv)   (Plural)   (Akkusativ)   (Dativ)

→ .... → .... → .... → ....
 (Singular)   (Nominativ)   (Plural)   (Ablativ)

17 1 Unsere Skizze zeigt Marcus und seine Freunde sowie einige der unfreundlichen Wirtshausgäste.
Versuche, die Sprechblasen mit lateinischen Ausrufen, Drohungen usw. zu füllen! Es dürfen selbstverständlich auch andere Wendungen gebildet werden, als im Buch stehen.

17   2 Test zu den Kapiteln 14-17

Fragen und Aufgaben:	Punkte:	Lösung im GB:

1. Welches sind die fünf „Bestimmungsstücke" des Verbums?

   ...., ..., ..., (3) .....

   ...., ... (2) 15.G1

2. Setze in den Genitiv Plural:

   integer .... (1) 14.G1/2

   puer .... (1) WSp.14

   liber .... (1) .....

   pulcher .... (1) .....

   ager .... (1) .....

   asper .... (1) .....

3. Wie lautet das Tempuszeichen des Futurs?

   .... (1) 16.G1.2

4. Bilde die 2. Person Plural des Imperativ Präsens von *esse*! .... (1) 15.G1.4

5. Wann bleiben im Lateinischen die Possessiv-Pronomina weg?

   .... (1) 15.G2.2

6. Nenne vier lateinische Subjunktionen!

   .... (4) 17.G2.2

7. Übersetze:
   Du wirst zufrieden sein, Cornelia.

   .... (2) 16.G2

8. Setze ins Futur: *properant* .... (1) 16.G1

   exspecto .... (1) .....

   Übertrag: (22) .....

DIESER TEST IST IN FORM UND INHALT URHEBERRECHTLICH GESCHÜTZT UND DARF DESHALB IN KEINEM VERFAHREN VERVIELFÄLTIGT WERDEN.

22

| Test zu den Kapiteln 14–17: Fortsetzung | Punkte: | Lösung im GB: |

Übertrag: (22) .....

Die beiden letzten Fragen prüfen, wie sicher Du im wichtigen Stoff früherer Kapitel bist:

9. Welche Funktion hat der Ablativ in dem Satz:

   Pecunia caremus. .... (1) 12.G1.2

10. Wie muß man den Satz
    Claudius magnas divitias possidet
    umwandeln, wenn man *esse* (gehören) statt *possidere* verwenden will?

    .... (3) 13.G2

    (26) .....

DIESER TEST IST IN FORM UND INHALT URHEBERRECHT

17 3 Besuch bei Claudius

1. Mox Cornelia et Marcus Claudium amicum iterum in villa pulchra visitabunt.[1]
2. Certe Claudius novas tabulas monstrabit, et cuncti laeti erunt.
3. Fortasse Cornelia amicum rogabit: „Monstra nobis hodie Minotaurum, nam non iam trepidabo!"
4. Et Marcus: „Ecce! Cornelia mea non iam timida est – et ego contentus sum!"
5. Claudius autem non sine malitia[2]:
   „Bene amicam educare potes,
   Marce, quod liberis cares ..."
6. Tum Marcus: „Liberos nostros tu educabis!
   Malus non eris, et tibi magnus hortus est!"
7. Sed Claudius: „Me terres, Marce.
   Quot liberos habebitis?"

---
[1]) visitare: *besuchen*
[2]) malitia: *Stichelei*

18 1 Ergänze mit Hilfe der folgenden Zeitwörter die Einzelsätze durch passende Imperfektformen!

habitare — esse — monstrare — putare — amare — vocare — tacere

1. Populus Romanus ludos ....
2. Diu Graeci liberi ....

3. Romani in Italia ....

4. Istulus semper ....

5. „Viri integri" amicos Marci „Graeculos" ....

6. Cur Graeci se tantum humanos ....?

7. Claudius tabulas libenter ....

18 2 Übersetze die folgenden englischen Verbformen ins Lateinische und achte genau auf das Tempus!

he was	....	she gave	....
they build	....	we see	....
he told	....	it is	....
she cried	....	I shall have (2)	....
you will be (2)	....		

19 1 Imperfekt oder Perfekt?

Lies 19.G2 im GB aufmerksam durch und entscheide dann, in welche Zeit Du das in Klammern angegeben Verbum jeweils setzen mußt!

1. Multi Romani Graecos non .... (amare).

2. Syrus Barbatum .... (necare).

3. Hodie Claudius amicos .... (invitare).

4. Romani templa magna cum diligentia .... (curare).

5. Marcus Graecis de deis Romanorum .... (narrare).

6. Servi Marcum et Corneliam .... (salutare).

7. Romani Corinthum .... (occupare).

8. Romanis opulentis litterae Graecae .... (placere).

19 2 Archäologen, die sich mit antiken Schriftzeugnissen befassen, müssen sehr oft fehlende Buchstaben oder sogar ganze Satzteile erschließen.
Eine ähnliche Aufgabe stellen die folgenden „defekten" Texte dar; zur Erleichterung geben wir aber Hinweise auf den Inhalt:

a) Über einer antiken Bibliothek:
   LI . . . RIS . RAE . . . ET . OMA . . .

b) Inschrift bei den Käfigen der Löwen unter einem Amphitheater:
   . AVE . E . EST . . S

20 1 In der linken Spalte findest Du einige Verbstämme, in der mittleren Tempuszeichen, in der rechten Ausgänge. Versuche, damit möglichst viele Verbformen zu bilden, und übersetze sie!

		-unt
habita-	-v-	-istis
clama-	- - -	-m
imple-	**-ba-**	-o
er-	**-b-**	-is
exspecta-	**-a-**	-erunt
fu-	- - -	-i
		-s

1. ....   2. ....
3. ....   4. ....
5. ....   6. ....
7. ....   8. ....
9. ....   10. ....
11. ....   12. ....
13. ....   14. ....
15. ....   16. ....
17. ....   18. ....
19. ....   20. ....
21. ....   22. ....
23. ....   24. ....
25. ....   26. ....
27. ....   28. ....

(Insgesamt gibt es 45 Möglichkeiten der Kombination.
Wer alle durchspielen möchte, möge bitte ein Zusatzblatt verwenden.)

20 2 Wer entschlüsselt und übersetzt diese rätselhafte Ringinschrift?

....
....

20 3 Die folgenden Sätze sind durch passende **Perfekt**formen zu vervollständigen. Hier sind die zur Verfügung stehenden Verben:

esse — vituperare — violare — monstrare — accusare — spectare

1. „Cur maestus es, Marce? Quis te contumeliis ....?"
2. „Iam saepe fortunam asperam ....
3. Fortuna mihi semper inimica ...., semper est, semper erit."
4. „Num hortum et villam Claudii ....?"
5. „Nobis cunctas divitias ...."
6. „Es laetus, Marce! Quando (*wann*) Cornelia tua dona ....?"

21 1 Bilde von den unten angegebenen Verben die PPP-Formen, die zu den Sätzen am besten passen!

vastare — invitare — monstrare — aedificare — necare — dare

1. Cornelia donis a Marco .... gaudet.
2. Amici a Claudio .... villam intrant.
3. Fortuna Barbati a Syro .... aspera fuit.
4. Graeci oppida in bello .... mox aedificaverunt.
5. Marcus et Cornelia de tabulis ab amico .... disputant.
6. Templa in foro .... pulchra erant.

21 2 Ordne die folgenden „kleinen Wörter" und gib ihre deutschen Bedeutungen an!

quod — etiam — tamen — cum (amico) — mox — itaque — interdum — ex — ubique — hic — diu — libenter — dum — saepe — subito — iterum — sine

1. Adverbien: örtlich: .... : .... : ....

   zeitlich: .... : .... : .... : ....

   .... : ....

   .... : ....

   Art und Weise: .... : .... : ....

2. Präpositionen: ..... : .... : .... : ....

3. Konjunktionen: .... : .... : ....

   .... : ....

4. Subjunktionen: .... : .... : ....

22 1 Setze die folgenden Formen des Indikativ Präsens Aktiv ins Perfekt und achte auf die Bildungsweise!

Es empfiehlt sich, Perfektstämme auf -u- durch Unterstreichung hervorzuheben.

exspectant	....	imples	....
moneo	....	sonat	....
obtinetis	....	putat	....
tacemus	....	specto	....
docent	....	patet	....
saluto	....	sum	....
student	....	narrat	....
delectat	....	caretis	....

22 · 2 Wie Kraut und Rüben ...

... sind hier Begriffe durch *et* miteinander verbunden. Welche neuen, sinnvollen Paare lassen sich bilden?

aurum	et	pulcher	....	et	....
viri	et	villa	....	et	....
bonus	et	luxuria	....	et	....
hortus	et	feminae	....	et	....
sapientia	et	argentum	....	et	....
templum	et	modestia	....	et	....
superbia	et	simulacrum	....	et	....

22 · 3 Auswahltest

Zu jeder der gestellten Aufgaben gibt es nur **eine** richtige Antwort. Kennzeichne sie jeweils durch Ankreuzen im entsprechenden Kästchen!

w x y z

1. Hinter welchem Wort der folgenden Warnung des Marcus Porcius Cato ist das PPP *im-portatae* einzufügen?

   Cavete | Romani | nam | litterae | a vobis | e Graecia | in Italiam | periculosae | sunt!

   - in Italiam
   - periculosae
   - a vobis
   - e Graecia

2. Welches Tempus erscheint in der Regel nach *postquam*?

   - Präsens
   - Perfekt
   - Imperfekt
   - Futur

3. Welche Form ist ein Femininum?

   - quid
   - Persae
   - fora
   - pecunia

4. In welchen Kasus unterscheiden sich die Substantive auf *-er, -(e)ri* hinsichtlich ihrer Deklination von denen auf *-us, -i*?

   - Nom. und Vok.
   - Gen.Sg. u. Dat.Pl.
   - Nom.Sg. u. Vok.Sg.
   - Gen., Dat., Akk., Abl.

DIESER TEST IST IN FORM UND INHALT URHEBERRECHTLICH GESCHÜTZT UND DARF

Auswahltest: Fortsetzung

w x y z

5. Drei von den vier nebenstehenden Formen sind eindeutig PPP; welche ist mehrdeutig?
   - moniti
   - invitatum
   - vocatis
   - monstrata

6. Was bezeichnet das lateinische Imperfekt bestimmt **nicht**?
   - Gewohnheiten
   - Wiederholtes
   - Einmaliges
   - Sitten und Bräuche

7. Welches der vier nebenstehenden Wörter wird ebenso dekliniert wie die Possessiv-Pronomina *noster* und *vester*?
   - puer
   - amicus
   - vir
   - pulcher

8. Was paßt am besten in die Leerstelle?
   dominus   amicum
   .... cum puero
   Marco   philosophe
   - servus
   - cuius
   - quis
   - feminae

9. Eine der folgenden Substantiv-Adjektiv-Verbindungen wirkt unpassend:
   - viri integri
   - vini asperi
   - ludo grato
   - femina antiqua

10. Welche Zeile nennt die drei Modi?
    - Indikativ — Imperfekt — Futur
    - Indikativ — Imperativ — Konjunktiv
    - Infinitiv — Imperativ — Imperfekt
    - Subjekt — Prädikat — Objekt

DARF DESHALB IN KEINEM VERFAHREN VERVIELFÄLTIGT WERDEN · DIESER TEST IST IN FORM UND INHALT URHEBERRECHT

23

1 Ergänze passende Präpositionen!

1. Graeci .... Persas copias paraverunt. 2. Claudius amicos ...... hortum invitavit. 3. Marcus et Cornelia iam saepe .... Claudium fuerunt. 4. .... multa saecula Romani Corinthum vastaverunt. 5. Servi .... portam properaverunt. 6. Hannibal non solum ante, sed etiam .... bellum multum .... Poenos valebat. 7. Cornelia Marcum .... scientiam doctum vocavit. 8. .... forum theatrum erat.

Wem die eine oder andere Präposition nicht einfallen will, der kann im Wortspeicher 23 des Übungsbuches nachschlagen!

23 **2** **in** mit Akkusativ oder **in** mit Ablativ?

1. Saepe Marcus Porcius in for... Romanos monuit.
2. Tum multi in for..... properaverunt.
3. Claudius in hort... amicos exspectavit.
4. Servos in hort....... vocavit.
5. Quando Graeculi ex Italia in patri....... su....... migrabunt?
6. Cur in caupon... nostr... sedent?

23 **3** Dies ist ein Satz-Schaltbrett, wie Du es aus dem CURSUS NOVUS schon kennst. Wenn Du festgestellt hast, welche Satzhälften miteinander zu verbinden sind, brauchst Du nur die Kleinbuchstaben, mit denen die abgetrennten Satzenden bezeichnet sind, in den Lösungskästchen zu den entsprechenden Zahlen zu setzen.

1. Marcus, quod pecunia caret,
2. Quis interdum in theatro
3. Claudius multos amicos
4. Cornelia non libenter
5. Syrus adversarium
6. Cato, vir asper, sed integer, saepe
7. Magna pugna Hannibal
8. Quis iterum atque iterum

a) deos irridet.
b) Romanos superavit.
c) gladio necavit.
d) populum monuit.
e) in villam invitavit.
f) in Colosseo sedebat.
g) philosophos Graecos fugare studebat?
h) maestus est.

1 ☐ 2 ☐ 3 ☐ 4 ☐ 5 ☐ 6 ☐ 7 ☐ 8 ☐

23 **4 Kombinierte Lernzielkontrolle über den Stoff von Kapitel 18-23**
(Arbeitszeit: 60 Minuten)

I. Was nicht in die jeweilige Vierergruppe paßt, ist anzukreuzen!

	a)	b)	c)	d)	e)	f)
A	☐ sunt	☐ ego	☐ villa	☐ patria	☐ amicae	☐ sine
B	☐ monebis	☐ ubi	☐ avaritia	☐ vitia	☐ domino	☐ apud
C	☐ cavete	☐ meus	☐ disciplina	☐ hora	☐ servis	☐ pro
D	☐ fuit	☐ quis	☐ luxuria	☐ dea	☐ hortos	☐ ex

II. Ermittle die jeweiligen „Gegenbegriffe"!

sine .... parere .... iustus ....

malus .... possidere .... laetus ....

amicus .... magnus .... vituperare ....

III. Verwandle in die entsprechenden Formen des Perfekts!

estis .... tacent ....

placet .... migro ....

implemus .... regnat ....

imperas .... sumus ....

IV. Ergänze die fehlenden Endungen und Ausgänge!

Claudius mult..... amic..... in vill..... pulchr..... invita..... potest.

Graec..... Pers..... magn..... pugn..... superav..... .

V. Übersetzung:

1. „Iterum atque iterum vos monui", Marcus Porcius populum Romanum vituperavit, „sed vos sapientia caretis. 2. Quis sustinere potest in oppido a Graecis occupato habitare? 3. Quid apud vos modestia et disciplina valent? 4. Iam luxuria et avaritia multos superaverunt. 5. Post multas victorias populi Romani nunc adversarii exsultare possunt: Vos vitia sua docuerunt!"

VI. Aus den Wörtern

misera — et — avaritiam — erat — servorum — superbiam — vita

sind durch Verteilen auf die Kästchen zwei sinnvolle Sätze zu bilden; das eine Wort, das beiden gemeinsam ist, bedeutet in jedem Satz etwas anderes!

31

24 1 Ein Silbenrätsel

Aus den Silben

ae — ber — bi — bi — ci — cu — cu — di — fi — i — i — li — lum — mag —
mo — ni — nus — que — re — sae — tus — u — u — um

sind lateinische Wörter folgender Bedeutung zu bilden:

1. Ein ziemlich langer Zeitraum; Menschen werden nur selten so alt ....
2. Gegensatz von *hic* ....
3. einer, der gewarnt wurde ....
4. an sämtlichen denkbaren Orten ....
5. was ein Sklave auf jeden Fall nicht ist ....
6. Oberbegriff für Baracke, Palast, Villa, Tempel, Haus ....
7. so fragt man lateinisch nach dem Dativ ....
8. auf diese Silbe endet der Infinitiv Präsens Aktiv ....
9. - und auf diesen Laut der Perfekt-Stamm vieler Verben der ē-Konjugation ....
10. Gegensatz zu *parvus* ....

Die Anfangsbuchstaben der Lösungswörter ergeben, von oben nach unten gelesen, etwas, das sich in Tempeln findet:

....

24 2 In den folgenden kleinen Sätzen soll *adiuvare* durch entsprechende Formen von *adesse* ersetzt werden; dabei ändert sich auch der Kasus der Objekte.

Te adiuvo. — Amicos adiuvatis. — Servi dominum adiuvabant.

....

Vos adiuvabimus. — Adiuva me! — Filii te adiuvabunt.

....

24 3 Bilde die entsprechende Präsens-Form zu

proderam .... affuisti ....
offuerunt .... profuit ....
proderimus .... potuistis ....
poteramus .... afuit ....

25 1 Übersetze:

1. Graeci Romanos barbaros esse putabant.

   ....

2. Negabant Romanos iustos et humanos esse.

   ....

3. Videbant Romanos templa spoliare, oppida vastare.

   ....

4. Constat avaritiam et luxuriam vitia mala esse.

   ....

5. Modestiam et prudentiam populis prodesse apparet.

   ....

6. Quis ignorat viros superbos saepe sapientiā necessariā carere?

   ....

25 2 Zusatzfragen:

a) Welches Satzglied vertritt *barbaros* in Satz 1?
b) Wie bezeichnet man die Konstruktion ... *Romanos* ... *humanos esse* in Satz 2?
c) Welches Satzglied ist *superbos* in Satz 6?

25 3 Welcher AcI paßt zu welchem Hauptsatz?

1. Claudius gaudet   a) pueros superbos stultos esse.
2. Negamus   b) templa Graecorum clara esse.
3. Constat   c) Poenos bellum parare.
4. Non ignoro[1]   d) amicos adesse.
5. Cato videt   e) litteras Graecorum perniciosas esse.

---

[1]) non ignoro: *ich weiß genau*

26 1 Der Ausdruck *consul Romanus* muß in verschiedene Kasus gesetzt werden, um in die folgenden Sätze eingebaut werden zu können.

1. Hannibal ad Ticinum .... superavit.

2. Etiam ad Trebiam
   bene cum .... pugnavit.

3. Ad Trasumenum .... insidias¹ paravit.

4. Fortuna .... aspera fuit.

5. Ubi .... victor fuit?

---

¹) insidiae, -arum: *Hinterhalt*; insidias parare: *einen Hinterhalt legen*

26 2 Hier siehst Du – einem römischen Relief nachgezeichnet – eine antike Provinzstadt.
Das Bild soll Dir dabei helfen, die bisher gelernten Wörter des Sachfeldes „Stadt" zusammenzustellen und diese Sammlung nach und nach zu ergänzen.
Sicher hast Du bereits im Deutschunterricht Wortfelder angelegt. Wenn nicht, dann betrachte folgendes (unvollständige) Arbeitsbeispiel:

▶ Sachfeld „Bildung": litterae; doctus, docere; philosophia, philosophus; eloquentia; educare; studere; scientia...

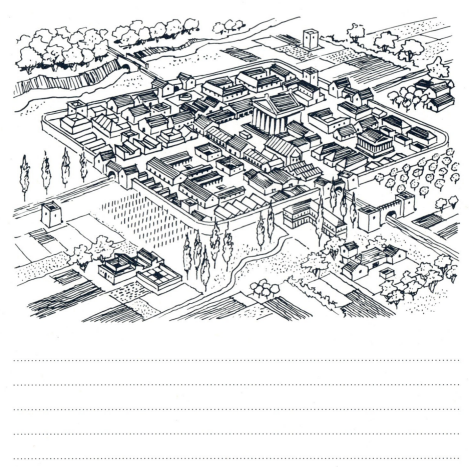

....

....

....

....

....

27 1 Bilde den Genitiv Plural zu den folgenden Substantiven!

dux .... victor .... rex ....

consul .... comes .... vir ....

filius .... honos .... puer ....

miles .... ager .... bellum ....

27 2 Welche Fremdwörter auf **-tor** sind Dir bekannt?

Stelle wenigstens fünf zusammen und vergleiche mit *imperator, dictator, victor, mercator*!

....

Versuche dann, die im folgenden begonnene Regel zu vervollständigen!

Die Nachsilbe **-tor** bezeichnet im allgemeinen ....

....

28 1 Verwandle die folgenden Sätze ins Passiv!

1. Victor oppidum occupavit. ....

2. Dux comites servavit. ....

3. Claudius servos vocavit. ....

4. Marcus Porcius Romanos monuit. ....

5. Amici Claudium rogaverunt. ....

6. Me dono delectavisti. ....

7. Te exspectavi, Cornelia. ....

28 2 Ergänze die Regel:

Das Partizip Perfekt Passiv stimmt mit dem Subjekt

in ...., ... und .... überein.

Verdeutliche diese Regel durch verschiedenfarbiges Unterstreichen am folgenden Satz.

Cornelia a Marco vocata est.

28 3 Dies ist wieder eine Transformationsübung wie 16.2; sieh also bitte dort nach, wenn Dir diese Übungsform noch nicht ganz vertraut ist!

senex miser → .... → .... →
                        (Dativ)   (Plural)

→ .... → .... → .... →
      (Nominativ)   (Akkusativ)   (Singular)

→ .... → .... → .... →
      (Ablativ)   (Akkusativ)   (Vokativ)

→ .... → .... → ....
      (Genitiv)   (Plural)   (Ablativ)

29 1 Vervollständige die folgenden Sätze durch passende Infinitive des Perfekt Aktiv oder Passiv!
An Verben stehen zur Verfügung:

esse — amare — spoliare — occupare — transportare — putare

1. Constat < Romanos Graeciam ....
             Graeciam a Romanis ....

2. Negare non possumus < templa a victoribus ....
                          victores templa ....

3. Memoria tenemus multos Graecos in Italiam .... et ibi servos Romanorum ....

4. Non ignoramus[1] novos dominos a Graecis non ....

5. Quis ignorat Graecos se tantum humanos et doctos ....

---

[1]) non ignoro: *ich weiß genau*

29 2 Großer Wiederholungs-Test

Fragen und Aufgaben:	Punkte:	Lösung im GB:
1. Aus welchen Bestandteilen wird das Perfekt Passiv im Lateinischen gebildet? aus .... + ...	(2)	DIESER TEST IST IN 28.G2.3
Übertrag:	(2)	

Großer Wiederholungs-Test: Fortsetzung	Punkte:	Lösung im GB:
	Übertrag: (2)	
2. Welche Antwort erwartet der Fragende, wenn er seine Frage mit *num* einleitet? .... (1)		20.G2
3. Wonach richtet sich das PPP beim Perfekt Passiv in Kasus, Numerus und Genus? .... (1)		28.G2.1
4. Nenne sechs Präpositionen mit dem Akkusativ! .... (3) .... (3)		23.G1.3
5. Gib drei Übersetzungsmöglichkeiten für die deutsche Konjunktion „und" an! .... (5)		WSp. 1, 21 10
6. Verwandle folgenden Satz ins Passiv: *Hannibal consulem Romanum superavit.* .... (5)		28.G2.1
7. Bilde zu den folgenden Nominativen, die im Singular oder Plural stehen, den entsprechenden Genitiv!		WSp!
comes .... *mores* .... (2)		
duces .... *miles* .... (2)		
patres .... *frater* .... (2)		
pulcher .... *liber* .... (2)		
senex .... *nex* .... (2)		
consules .... (1)		
8. Auf welche Frage steht der Ablativ in folgendem Satz? *Hannibal Alpes hieme superavit.* .... (1)		29.G2
	Übertrag: (32)	

FORM UND INHALT URHEBERRECHTLICH GESCHÜTZT UND DARF DESHALB IN KEINEM VERFAHREN VERVIELFÄLTIGT WERDEN · DIESER TEST IST IN FORM UND INHALT

Großer Wiederholungs-Test: Fortsetzung	Punkte:	Lösung im GB:

Übertrag: (32) .....

9. Welches Geschlecht haben die Substantive auf *-or, -os* und *-er* in der Regel?

   .... (1) 27.G1.2/ 28.G1

10. Welche syntaktische Funktion erfüllt der Ablativ im folgenden Satz?

    Marcus bono animo erat.

    .... (1) 27.G2

11. Bilde den Dativ zu *quis*! .... (1) 20.G2.2

12. Welche Übersetzungsmöglichkeiten für das attributiv gebrauchte PPP gibt es?

    .... (1) 21.G2.2

    .... (1) .....

    .... (1) .....

13. Welches der folgenden Verben bildet **kein** *u*-Perfekt?

    terrere — docere — implere — monere — studere — timere — tacere — nocere

    .... (1) 22.G1

14. Welches Satzglied vertritt das PPP in dem Satz:

    Amici a Claudio invitati hortum spectant.

    Die Aufgabe des .... (1) 21.G2

15. Bei welcher Fragestellung erscheint nach der Präposition *in* der Akkusativ, wann der Ablativ?

    Akk.: .... Abl.: .... (2) 23.G2

16. Welches Satzglied stellt *luxuriam perniciosam esse* im folgenden Satz dar?

    Cato luxuriam perniciosam esse putabat.

    .... (1) .....

Übertrag: (43) .....

| Großer Wiederholungs-Test: Fortsetzung | Punkte: | Lösung im GB: |

Übertrag: (43) .....

17. Verwandle den kursiv gedruckten Satz in einen AcI:

    Constat: *Romani domini severi fuerunt.* (2) 29.G1

18. Ersetze durch entsprechende Formen von *obesse*:

    noceo .... *nocuisti* .... (3) .....

    nocebit .... *nocebant* .... (2) 24.G1

19. Mit welchem Kasus werden die meisten Komposita von *esse* verbunden?

    .... (1) 24.G2

20. Übersetze:

    Cato glaubte, die Punier seien gefährliche Gegner der Römer.

    .... (6) 25.G1

21. Welche syntaktische Funktion erfüllt der AcI in den folgenden Sätzen?

    Puto te virum severum esse. .... (1) 25.G2.1

    Apparet te virum severum esse. .... (1) 25.G2.2

    (59) .....

30 1 Versuche, aus dem Gedächtnis die Dir bekannten Präpositionen mit dem Akkusativ sowie diejenigen mit dem Ablativ zusammenzustellen, und überprüfe das Ergebnis anhand von 11.G2 und 23.G1/2!

Präpositionen mit dem Akkusativ		Präpositionen mit dem Ablativ	
lateinisch	deutsch	lateinisch	deutsch
....	....	....	....
....	....	....	....
....	....	....	....
....	....	....	....
....	....	....	....
....	....	....	....
....	....	....	....

30 2 Nun wird es Dir nicht schwer fallen, die Unterschriften unter den folgenden Bildchen mit passenden Präpositionen zu vervollständigen und entsprechend die fehlenden Ausgänge zu ergänzen:

VIDEMUS

servos ..... vill..... Claudium .... templ...... amicos ....

properare. vill...... amicos statuam pulchram Claudi..... sedere,

exspectare, collocatam¹ esse. Claudium ....

Claudium .... amic..... disputare,

port.......... villae Marcum et Corneliam

amicos exspectare. .... scamn......²

sedere.

___

¹) collocare: *aufstellen*   ²) scamnum, i: *Bank*

31 1 Prüfe nach, welche der rechts zusammengefaßten Ausgänge/Endungen Du an sämtliche in der linken Spalte aufgeführten Wortstöcke/Stämme anfügen kannst!

hiem	
imperator	
duc	-um
agmin	-i
region	-ibus
homin	-es
comit	-a
tempor	-is
mor	-e
honor	-s
corpor	-em
multitudin	—
consul	

Unterstreiche die überall passenden Ausgänge/Endungen und ordne sie nach Numerus und Kasus!

....

31 2 Die folgenden Substantive sind durch ein Adjektiv auf einen bestimmten Kasus festgelegt; ihre eigenen Ausgänge fehlen; ergänze sie!

agmin............ Romanis;   corpor.......... firmi;   magnam multitudin............;

cunctos honor..........;   mor.......... bonorum;   comit.......... fidum

Und nun noch einige Aufgaben, bei denen zwei Lösungen möglich sind:

duc...... boni / duc...... boni   magna multitud.... / magna multitud........

corp....... firmum / corp...... firmum   (das ist besonders tückisch!)

32 1 „Probeschularbeit" über den Stoff von Kapitel 24–32: (Arbeitszeit: 45 Minuten)

Ein Triumphzug

1. Magna multitudo hominum vias Romae et imprimis forum implevit, postquam imperatori Traiano[1] triumphus decretus[2] est.
2. Civitas victoriis claris exsultavit, et cuncti de difficultatibus belli, de fortitudine legionum, de virtute ducis disputaverunt.
3. Apparet Marcum quoque nostrum cum nonnullis comitibus victorem exspectavisse.
4. Iam carmina militum sonuerunt, iam agmen primum forum intravit.
5. „Ecce!" vocat Marcus, „nonne videtis a militibus magnam praedam bello paratam esse?"
6. Et Cornelius: „Constat Dacos[3] aurum et argentum dedisse, sed condiciones pacis iustae erant. Daci nobis non iam oberunt."
7. „Este intenti: imperatorem video! Macte[4], Traiane! Multas calamitates superavisti, saepe militibus in periculis affuisti – sed nunc pace et otio gaudebimus!"
8. Postea Marcus: „Satis diu spectavimus et clamavimus. Quid, si caupona[5] nostra iam ab aliis occupata est?"

---
[1]) Traianus, -i: *Trajan (röm. Kaiser)*
[2]) decretus, -a, -um: *PPP zu* decerno *ich erkenne zu, gestatte, genehmige*
[3]) Daci, -orum: *die Daker (Volk im Gebiet des heutigen Rumänien)*
[4]) macte: *hoch! (bewundernder Zuruf)*
[5]) caupona, -ae *(hier etwa:) Stammtisch*

32 2 QUIS VICTOREM IN FORO EXSPECTAVIT?

Auf diese Frage bekommst Du eine Antwort, wenn Du in die senkrechten Spalten die erfragten Begriffe in lateinischer Übersetzung einsetzt und die erste Zeile liest.

1	2	3	4	5	6	7	8	9	10	11	12	13	14	15	16	17	18	19	20	21

1. Ein Verbrecher hat wohl kaum einen guten ……
2. Wertvolles Metall.
3. Aufforderung, heiter zu sein.
4. Jedem von uns gaben seine Eltern mindestens zwei davon.
5. Es dauert meist 365 Tage.
6. Ihm geht es gar nicht gut.
7. So fragt man, wenn man nach jemanden sucht oder ruft (2 Wörter).
8. Nicht nur eine Hauptunterhaltung der Römer, sondern auch eine Bildungsstätte.
9. Wenn jemand nichts sagt…
10. Das reimt sich auf 9!
11. Nehmen wir an, jemand sei vor einer Unternehmung gewarnt worden, und tut es…
12. Gegensatz zu nirgends (nimm QU als *einen* Buchstaben!)
13. Lateinische Perfektform zu „er gibt".
14. Vor schlimmen … hatten die Römer einen Heidenrespekt.
15. Auf diesen Grundstücken wachsen Blumen, Rettiche oder Krautköpfe, je nachdem…
16. Darauf freut man sich während der Arbeit.
17. Mit dieser Verbform könnte man gelegentlich *exspectat* ersetzen.
18. Anhand dieser kleinen Skizze soll eine lateinische Präposition erraten werden.
19. Wenn jemand etwas nicht zugeben will.
20. Wie 7 – uns fällt nichts mehr ein.
21. Gegensatz zu „gut".

33 1 Aus dem folgenden Text, in dem sich Claudius über seinen nichtsnutzigen Sklaven Istulus beklagt, lacht Dich immer wieder der Tunichtgut an. Da Dich das wahrscheinlich stört, wirst Du sicher gern über das freche Gesicht jeweils eine Form des Pronomens **is** im richtigen Fall setzen.

Claudius: „Iam saepe de narravi.

 mores mali sunt.

 verba¹ mea non curat.

Frustra moneo.

Quanta est audacia !"

---
¹) verbum, -i: *Wort*

33 2 Großer Wiederholungstest

Fragen und Aufgaben:	Punkte:	Lösung im GB:
1. Wann steht im Lateinischen auf die Frage „wohin?" der bloße Akkusativ?	(2)	33.G2
2. Verwandle folgende Formen ins Perfekt! *potestis* .... *absumus* .... *adsunt*	(1) ..... (1) ..... (1)	24.G1
3. Ergänze die fehlenden Ausgänge! *Ennius poeta* *doct..... et clar..... erat*	(1)	32.G2
4. Welches Genus haben die Substantive auf -men, -minis?	(1)	31.G1
5. Bilde zu folgenden Substantivformen die entsprechenden des Plurals! *multitudo* .... *corpus* .... *matris* .... *virtus* .... *difficultatem* .... *opus*	(1) ..... (1) ..... (1) ..... (1) ..... (1) ..... (1)	30.G1 31.G2 28.G1 32.G1.2 32.G1.1 32.G1.3

Übertrag: (13) .....

Großer Wiederholungstest: Fortsetzung	Punkte:	Lösung im GB:

Übertrag: (13) .....

6. Welche semantische Funktion erfüllt der Ablativ im folgenden Ausdruck?

   Paucis annis Graecia expugnata est .... (1) 29.G2

7. Verwandle ins Perfekt!

   do .... *datis* .... (2) 30.G2

   dant .... *stas* .... (1) .....

8. Welchen Modus und welches Tempus verlangt die Subjunktion *dum,* wenn sie dem deutschen „während" entspricht?

   .... (2) 22.G2

9. Mache abhängig von *constat*:

   Graeci scientiae cupidi sunt.

   .... (2) 25.G1

   Semper litteris studuerunt[1].

   .... (3) 29.G1

   Templa clara a Graecis aedificata sunt.

   .... (1) 29.G1

10. Ergänze eine nach Kasus, Numerus und Genus passende Form von *is, ea, id*:

    .... *corporis* .... *morum* (2) 33.G1

    .... *duci*   *in* .... *horto* (2) .....

    cum ..... *poeta*   ..... *regio* (3) ..... (32.G2!)

11. Bilde den Genitiv zu

    senex .... (1) 28.G1.2

12. Bestimme die syntaktische Funktion des Ablativs in den folgenden Sätzen:

    Cur non bono animo es? .... (1) ... 27.G2.1

    Puerum magna audacia non laudo. .... (1) 27.G2.2

    (35) .....

---

[1] *Gehe bei der Umwandlung aus von „Es ist bekannt, daß diese..."*

34 1 Ähnlich wie bei 12.2 geht es hier um das Auffinden der „gedanklichen Klammer". Am besten ist es wohl, Du siehst zuerst 12.2. nochmals an und gehst dann hier an die Arbeit.

gloria	contumelia	postulare	dare	superbia	modestia
libertas	………	rogare	………	vituperare	………

vita	nex	terrere	terror	animus	corpus
pax	………	necare	………	deus	………

34 2 Setze in die entsprechende Form des Plusquamperfekts:

intrant   ……………   stamus   ……………

ades   ……………   prodest   ……………

coërcetis ……………   absunt   ……………

do   ……………   mones   ……………

35 1 An Stelle eines einzigen Wortes findest Du in den folgenden Sätzen je drei in {} vereinigt, von denen allerdings nur eines wirklich paßt. Beseitige die übrigen beiden durch Ausstreichen!

1. Menaechmus-Sosicles per multas terras { navigaverat / rogaverat / erraverat }.

2. Nam fratrem { suum / eius / eorum } quaeritabat *(er suchte)*.

3. Mercator bonus { eo / eum / ei } patriam novam dederat.

4. Iam verus Menaechmus { heredes / heres / heredem } magnarum divitiarum erat, postquam pater senex de vita { migrat. / migraverat. / migravit. }.

5. Et quid de uxore { eius / suo / sua } narravimus?

6. Interdum { asper / asperam / aspera } erat et Menaechmum contumeliis violabat.

35 2 Ergänze passende Pronomina:

1. Cato affirmat .... litteras Graecorum timere.

2. Nam putat .... periculosas esse.

3. Sed sperat .... moribus antiquis gloriam parare posse.

36 1 Ergänze nach Kasus, Numerus und Genus passende Formen von *iste*:

.... homo .... malos mores

.... flagitium .... verbi

.... seni cum .... servis

36 2 Stelle jeder der folgenden Perfektformen die jeweils entsprechende des Präsens gegenüber und kennzeichne die unterschiedlichen Quantitäten (z. B.: $\bar{o}/\breve{o}$)!

movit: .... iuvi: ....

sederunt: .... cavisti: ....

vidimus: .... adiuvistis: ....

37 1 Test zu den Kapiteln 33–37

Fragen und Aufgaben:		Punkte:	Lösung im GB:
1. Gib folgende Formen des Pronomens *is/ea/id* an!			
Genitiv Singular Femininum:	....	(1)	33.G1
Ablativ Singular Neutrum:	....	(1)	„
Nominativ Plural Femininum:	....	(1)	„
Dativ Singular Neutrum:	....	(1)	„
Dativ Plural Femininum:	....	(1)	„
2. Bilde das Plusquamperfekt Aktiv und Passiv zu *monent*			
....	....	(5)	34.G2
3. Übersetze: nach Rom	....	(1)	33.G2
nach Syrakus	....	(1)	„
nach Griechenland	....	(1)	„
4. Wie bilden die Verben *sedere / movere / adiuvare* das Perfekt?			
....		(1)	36.G2

Übertrag: (14) ....

| Test zu den Kapiteln 33-37: Fortsetzung | Punkte: | Lösung im GB: |

Übertrag: (14) ......

5. Von welchen Kasus des Pronomens *is / ea / id* gibt es Doppelformen? (Genus, Kasus, Numerus angeben!)

   .... (3) 33.G1

6. Ergänze die jeweils passenden Pronomina! Zur Auswahl stehen: 35.G1

   suos — eius — earum — sui — eorum — suas

   Marcus iam in horto est,

   sed amicas .... nondum videmus. (1) ......

   Romani sociique .... superati sunt. (1) ......

   Miles comites .... exspectavit. (1) ......

   Corneliam, Claudiam amicasque ....

   invitavi. (1) ......

   Claudius divitias .... monstrabit. (1) ......

   Servus iram domini .... timet. (1) ......

7. Welches deutsche Personal-Pronomen wird im Lateinischen durch das Demonstrativum *is / ea / id* ersetzt?

   .... (1) 34.G1

8. Welche Bedeutung hat *iste* im folgenden Satz? „Liberate me ab ista Furia!"

   .... (1) 36.G1.2

9. Setze jeweils in die Lücke die richtige Form für das deutsche Possessiv-Pronomen ein!

   a) *Avum .... salutavimus.* (1) 34.G1
      (seinen)

   b) *Marcus fratri .... respondit.* (1) ...... „
      (ihrem)

   (27) ......

DESHALB IN KEINEM VERFAHREN VERVIELFÄLTIGT WERDEN. DIESER TEST IST IN FORM UND INHALT URHEBERRECHTLICH GESCHÜTZT UND DARF

2 Kombinierte Lernzielkontrolle über den Stoff von Kapitel 31–37:
(Arbeitszeit: 50–60 Min.)

I. Aus einem Gespräch der „Menaechmi"

SOS.: Quomodo[1] a patre aberravisti[2]?
MEN.: Postquam cum eo Tarentum navigavi,
subito eum propter magnam multitudinem hominum non iam vidi.
SOS.: Nonne nomen eius vocavisti?
MEN.: Certe, frater, sed frusta! Maestus in via sedebam; dolor meus senem movit.
Is mercator opulentus fuit. Mihi patriam novam dedit; itaque ei gratus sum.

[1] quomodo: *wie?*   [2] aberrare: *(hier) sich entfernen*

II. Ergänze die richtigen Formen des Personal-Pronomens der 3. Person!

SOS.: Uxor tua severa est, ... iam in oppido vidi.
(sie)

Nonne saepe cum .... litigas? (litigare: *streiten*)
(ihr)

Num tu .... pares?
(ihr)

III. Ergänze die richtigen Formen der Possessiv- bzw. Demonstrativ-Pronomina!

MEN.: Interdum formidulosa est, sed mores .... boni sunt.

Cum me uxor ira .... terret, e villa migro, dum *(bis)* ira .... placata est.

SOS.: Iram .... haud ignoro.[1]

Uxor tua ira .... me valde terruit.

[1] haud ignoro: *ich kenne genau*

IV. **Transformiere** den Satz: Senex me bene educavit.

1. → Perfekt Passiv: ....
2. → Plusquamperfekt Aktiv: ....
3. → Plusquamperfekt Passiv: ....
4. → Futur Aktiv: ....

V. Verbinde die nachfolgenden Präpositionen mit den Substantiven im jeweils angegebenen Numerus!

1. sine — legio   Sg. ....

   Pl. ....

2. propter — discrimen Sg. ....

   Pl. ....

3. de — virtus   Sg. ....

   Pl. ....

4. inter — custos   Pl. ....

38 1 Gib zu folgenden deutschen Verbformen jeweils das Genus verbi (Aktiv/Passiv) an!

du wirst fragen ....   ihr seid weggezogen ....

du wirst gerufen ....   ihr seid gerufen (worden) ....

sie werden bewegt ....   ich bin eingetreten ....

sie werden besitzen ....   wir werden angefleht ....

ihr werdet kommen ....   wir werden helfen ....

38 2 a) Aus welchen zwei Bestandteilen setzt sich **im Deutschen** das Präsens Passiv zusammen? Aus dem Hilfszeitwort .... und ....

b) Aus welchen zwei Bestandteilen setzt sich **im Deutschen** das Futur I Aktiv zusammen? Aus dem Hilfszeitwort .... und ....

38 3 Wandle folgende lateinische Sätze in das Passiv um!

1. Pater liberos educat. ....
2. Quis te adiuvat? ....
3. Fortitudo fratris vos servavit. ....
4. Senex miser vos rogat. ....
5. Pietas deos movet. ....

39 **1** Führe bei folgenden Verbformen die angegebenen Veränderungen durch!

	Futur I	Präsens Passiv	Perfekt Passiv
appello	....	....	....
admonetis	....	....	....
liberant	....	....	....
agitas	....	....	....
fugamus	....	....	....
implent	....	....	....

39 **2** Übersetze die folgenden Infinitive ins Lateinische und bilde das Passiv dazu!

	Infinitiv Aktiv	Infinitiv Passiv
zeigen	....	....
besetzen	....	....
bewegen	....	....
berauben	....	....
ertragen	....	....
sehen	....	....

39 **3** Setze folgende Verbformen ins Passiv!

fugas	....	laudabitis	....
coërcebis	....	irridebunt	....
implebat	....	sustinebant	....
terrent	....	tenebitis	....

40 **Heldensagen** (Übersetzungsübung zum Training der Pronomina)

(Claudius und Marcus betrachten verschiedene Statuen)
Claudius: „Ecce! Haec statua Thesei[1] est, illa Herculis[2]!"
Marcus: „Certe Herculis illius, qui[3] homines a multis bestiis formidulosos liberavit."

---
[1]) Theseus, -ei: *Held der griechischen Sagen*
[2]) Hercules, -is (*Akk.*: -em): *Held der griechischen Sagen*
[3]) qui: *der, welcher*

C: „Eundem Herculem vides, Marce. Fortasse autem ignoras hunc Herculem et illum Theseum comparari posse?"
M: „Constat et ab hoc et ab illo multos adversarios periculosos superatos esse, apparet et huius et illius robur magnum fuisse."
C: „Non erras, Marce. Certe memoriā tenes eos viros etiam in Orcum[4] penetravisse[5]."
M: „Memoriā teneo ab illo Hercule Cerberum[6] ipsum ex Orco portatum esse – sed fortunam Thesei istius ignoro."
C: „Fortuna eius non eadem erat atque Herculis, nam dei Orci eum tenuerunt. Itaque in Orco sedit, exspectavit, desperavit ..."
M: „A quo tandem liberatus est?"
C: „Ab illo Hercule, quid rogas?"

[4]) Orcus, -i: *Unterwelt*
[5]) penetrare: *vordringen*
[6]) Cerberus, -i: *der Höllenhund*

41-42

1 Transformiere die folgenden Wort-Paare wie angegeben:

illa gens → .... → .... →
(Genitiv) (Plural)

→ .... → .... → .... → ....
(Akkusativ) (Ablativ) (Singular) (Nominativ)

hic vates → .... → .... →
(Akkusativ) (Plural)

→ .... → .... → .... → ....
(Genitiv) (Singular) (Ablativ) (Nominativ)

iuvenis et senex

→ .... → .... →
(Plural) (Genitiv)

→ .... → .... →
(Akkusativ) (Singular)

→ .... → ....
(Genitiv) (Nominativ)

41-42

2 Zur Wiederholung und Vertiefung des Wortspeichers:

sorte aspera laborare — sortes hominum non ignorare — ius gentium violare — nobili gente natus — nocte migravisse — iuvenem doctum putare — monstra flammasque Orci non timere — magna classe per mare navigare — mentes hominum sibi conciliare — Cave canem! — Sibyllam vatem bonam putare — novas sedes sibi parare — ut ait Vergilius — Gallos contra Romanos armare

41-42

3 Test zu den Kapiteln 40–41

Fragen und Aufgaben:	Punkte:	Lösung im GB:
1. Bilde zu *hoc corpus* folgende Formen:		
Genitiv Singular	(1)	40.G1 u.
Ablativ Singular	(1)	31.G2
Akkusativ Plural	(1)	
2. Bilde zu *ille homo* folgende Formen:		
Dativ Singular	(1)	40.G1 u.
Genitiv Plural	(1)	30.G1
Ablativ Singular	(1)	
3. Gibt zwei Beispiele für Substantiva, die sowohl männliches wie weibliches Geschlecht haben können, und übersetzte sie!		
............: .... /	(1)	
............: .... /	(1)	
4. Welches grammatische Geschlecht haben die Substantive der Konsonantischen Deklination, deren Nominativ auf Konsonant + *s* endet, (also auch die auf –*x*)?		
....	(1)	41.G1.3
5. Gib unter folgenden Substantiven das Genus an! *sedes turris canis iuvenis*		
....	(4)	
6. Gib den Bedeutungsunterschied an! *hic* bezeichnet: *ille* bezeichnet:		
....	(2)	40.G2
7. Welche drei Substantive auf -*es, -is* bzw. -*is, -is* haben im Genitiv Plural -*um* statt -*ium*?		
....	(3)	46.G2.3

Übertrag: (18) .....

DIESER TEST IST IN FORM UND INHALT URHEBERRECHTLICH GESCHÜTZT UND DARF DESHALB IN KEINEM VERFAHREN VERVIELFÄLTIGT WERDEN · DIESER

Test zu den Kapiteln 40-41: Fortsetzung	Punkte:	Lösung im GB:

Übertrag: (18) ......

8. Wie unterscheidet sich *hic*: dieser von *is*: dieser?

   .... (1) 40.G2

9. Gib zu der Form *mutari* zwei deutsche Übersetzungen an!

   .... (2) 38.G2

10. Wie unterscheiden sich die nachstehenden Substantivformen im Wortstock?
    sort-em: *duc-em:*

   .... (2) 41.G1

   (23) ......

42 **1** Setze an den bezeichneten Stellen (............) jeweils ein Interrogativ-Pronomen ein! Überlege, ob Du das substantivische oder das adjektivische Pronomen verwenden mußt!

1. .... oppidum gentes Graecorum per multos annos temptaverunt?

2. .... Troiani raptaverant[1]?

3. .... via Graeci in Asiam navigaverunt?

4. .... imperio per mare periculosum navigaverunt?

5. .... dux Graecorum fuit?

6. A .... adiutus Agamemno moenia Troiae expugnavit?

7. .... dolo portae Troiae superatae sunt?

8. .... vir patrem ex oppido expugnato servavit?

---
[1] raptare: *rauben*

42 **2** Stelle in den folgenden Spalten alle bisher gelernten Substantive zusammen, welche einen Verwandtschaftsgrad oder ein sonstiges Verhältnis zwischen Menschen bezeichnen!

....	....	....
....	....	....
....	....	....
....	....	....

42 3 Zur Wiederholung und Vertiefung des Wortspeichers:

arx moenibus firmis circumdata — totam viam ignibus illustrare — facta verbis pulchris illustrare — magno clamore verbera exspectare — flumina sanguinis — scelere formiduloso terreri — Soli deo gloria! — voce clara totam legionem appellare — copias (trans) flumen latum transportare

43-44

1 Beschreibe das nachstehende Bild, indem Du die folgenden Spalten ausfüllst! Subjekt und Prädikat der Sätze sind Dir jeweils vorgegeben. Versuche, beim Ausfüllen der Leerspalten, wo immer möglich, die Adjektive der Wortspeicher 43 und 44 zu verwenden!

Subjekt	Attribute zum Subjekt	Objekt(e) Dativ oder Akkusativ	Adverbiale	Prädikat
1. Mare	....	—	....	agitatur.
2. Venti	....	....	....	terrent.
3. Homines	....	—	....	vexantur.
4. Nonnulli	....	....	—	implorant.
5. Pericula	....	....	....	imminent.
6. Domini	....	cursum *(Kurs)*	....	tenent.
7. Litus	....	—	....	spectatur.
8. Viri	....	—	....	beati erunt.

Verwende, wo dies möglich ist, auch zwei Attribute!

43-44

2 Wandle um, wie angegeben (vgl. 9.T im Übungsbuch)!

classis celeris → .... → .... →
　　　　　　　　　　　　(Genitiv)　　　　　　　(Plural)

.... → .... → .... →
(Dativ)　　　　　　(Singular)　　　　　　(Ablativ)

.... → .... → ....
(Plural)　　　　　　(Nominativ)　　　　　(Singular)

saxum acre → .... → .... →
　　　　　　　　　　　　(Plural)　　　　　　　(Genitiv)

.... → .... → ....
(Ablativ)　　　　　　(Singular)　　　　　　(Genitiv)

43-44

3 Verbinde durch eine Linie sinnvoll Wörter/Ausdrücke der linken Seite mit solchen der rechten!

labores graves　　　　rostro (rostrum, -i: *Schnabel*) lacerare
voce acri　　　　　　　consuli soli nuntiare
facta turpia　　　　　 vinum postulare
ferrum grave　　　　　sustinere
parvum animal　　　　ap-portare (<ad-portare)

43-44

4 Übersetze ins Lateinische!

Die Tempel,
Die Gärten,　———　die wir betrachteten, waren schön.
Die Edelsteine,

Achte auf den Ausgang des lateinischen Adjektivs!
Wandle die drei gewonnenen lateinischen Sätze in den Singular um!

....

....

....

....

....

....

43-44

5 Zur Wiederholung und Vertiefung des Wortspeichers:

nuntio atroci territum esse — patriam caram reliquisse — terram ferro ignique vastare — reges clementes et prudentes verbis gratis laudare — ad sedes animarum felicium venisse — artibus bonis non carere — timore ingenti vexari — animo forti pericula tolerare — a caelestibus adiuvari — vi caelesti servari — terribila tolerare — inde venisse.

43-44

6 Einige knifflige Fragen zum Relativ-Pronomen

Auf jede gestellte Frage gibt es nur eine richtige Antwort. Kennzeichne sie durch Ankreuzen im entsprechenden Kästchen!		w x y z
1. Welche Form kann **nicht** Femininum sein?	quae dux cuius quem	☐ ☐ ☐ ☐
2. Welche Form paßt nach ihren Bestimmungsstücken **nicht** in die folgende Reihe?	corpora dona quas quae	☐ ☐ ☐ ☐
3. Welches Relativ-Pronomen paßt **nicht** zu dem vorausgehenden Substantiv?	dolus qui fata quae mos quae vox quae	☐ ☐ ☐ ☐
4. Ergänze! *De illis temporibus, ...* *Romani Graeciam occupaverunt,* *vobis iam narravi.*	quae ad quae quibus in quibus	☐ ☐ ☐ ☐
5. Welche Form kann Neutrum sein?	quorum quos quas qui	☐ ☐ ☐ ☐

45 1 Bestimme und übersetze!

Verbform:	Person:	Zahl:	Zeit:	Modus:	Genus:	Übersetzung:
ducis						
ducebamur						
ducite						
ducuntur						
duceris						
duc						
ducor						

Zu den fünf Bestimmungsstücken der Verben ↗ 15.Gl.

45 2 Welche der folgenden Verben gehören zur Konsonantischen Konjugation? Unterstreiche Sie!

carpere — carere — cernere — cavere — placere — plaudere — patere — docere — ducere — delere — dicere — apparere — agnoscere

Lies alle Verben laut vor und achte jeweils auf die richtige Betonung!

45 3 Verbinde durch eine Linie sinnvoll Wörter/Ausdrücke der linken Seite mit solchen der rechten!

scelera crudelia   vacare / vacuum esse
fame acri   saxis circumdare
faucibus terribilibus Orci   stupere
culpa   terreri
hortum   vexari

46 1 Übersetze die folgenden Redewendungen und bestimme jeweils die syntaktische Funktion des fettgedruckten Wortes!

Comites **salvos** reliquisti. — Constat Ulixem **maestum** per maria actum esse. — **Primus** a patre in theatrum ductus es. — **Rarum** se ostendit.

46 2 Einübung der Verbformen — Unterscheidung von ähnlichen Formen

2.1 Welche der folgenden Formen gehören zum Verbum DUCERE, welche zum Substantiv DUX? Trage sie in die entsprechenden Spalten ein. Für die Formen, welche hierhin und dorthin zugeordnet werden können, gibt es eine dritte Spalte!

ducis — ducam — ducibus — ducem — ducetis — duci — ducar — duc — dux — duces

von DUCERE:	von DUX:	von beiden ableitbar:
....	....	....
....	....	....
....	....	....
....	....	....

2.2 Setze in Futur und übesetze dann ins Deutsche!

ponebatur — cedunt — deponebant — agebaris — petimus — ostendo — quiescitis

Achte auf den Unterschied zwischen Aktiv und Passiv!

46 3 Zur Wiederholung und Vertiefung des Wortspeichers:

Setze die nachstehenden Verben sinnvoll in die Leerstellen der anschließenden Sätze ein! Die Verben müssen manchmal auch im Partizip verwendet werden. Ein Wort kann auch zweimal in verschiedener Bedeutung vorkommen.

cernere — cedere — agere — petere — ostendere — ponere — deponere — quiescere — vincere — contendere — quaerere

1. Multae gentes illius aetatis auctoritati Romanorum .... — 2. Sed Helvetii ab Orgetoríge moniti novas sedes .... — 3. Postea diu cum copiis Romanis .... et a Caesare .... — 4. Postremo illa gens arma .... — 5. Nonnulli ad Rhenum flumen .... — 6. Dux Helvetiorum pacem .... — 7. Diu per multas regiones .... illa gens tandem .... — 8. Rari tantum se .... — 9. Haeduorum autem timor victoriā Caesaris .... — 10. .... enim se illo periculo liberatos esse.

46 4 Wiederholung der „kleinen Wörter" aus den Wortspeichern 41–46:

ut (mit Indikativ): .... sero: ....

inde: .... quando: ....

47 **1** Bilde zu folgenden Verbformen der Konsonantischen Konjugation die entsprechenden Formen des Perfekt-Stammes!

petunt: .... deponetur: ....

quaerimur: .... gignuntur: ....

alitis: .... poni: ....

incolere: .... quaero: ....

desinam: .... quiescis: ....

47 **2** Übersetze!

De deis Germanorum *(Nach Tacitus)*

1. Germani Mercurium imprimis colebant. – 2. Ei homines quoque immolabant[1]. – 3. Mercurio enim ceteros[2] deos cedere putabant. – 4. Herculi atque Marti Germani animalia omnium generum sacrificia[3] decernebant. – 5. Constat Germanos numquam cum adversariis contendisse, nisi antea deos consuluissent. – 6. Consulebant autem et colebant deos imprimis in silvis[4]. – 7. Ibi deis dona deponebant; ibi auxilium deorum petere non desinebant.

[1]) immolare: *opfern*   [2]) ceteri, -ae, -a: *die übrigen*
[3]) sacrificium, -i: *Opfer*   [4]) silva, -ae: *Wald*

Zusatzaufgaben zum Text 2:

1. Schlage in einem Lexikon nach, für welche Bereiche Merkur als Gott „zuständig" war! Versuche dann zu erklären, warum ihn die Germanen besonders verehrten!
2. Wie könnte man es erklären, daß die Germanen ihre Götter vor allem in Hainen/Wäldern anbeteten und verehrten?

47 **3** Stelle alle PLURALWÖRTER (Substantive, die nur im Plural vorkommen oder im Plural eine besondere Bedeutung haben) zusammen, die Du schon kennst! Die Zusammenfassungen im Wortspeicher auf den Seiten 167/173/179/184/190 des Übungsbuches können Dir das Suchen erleichtern.

48 **1** Nachstehend findest Du eine Reihe von Sätzen, von deren Prädikat ein AcI abhängt. Übersetze alle Sätze ins Deutsche und unterstreiche dann die Infinitive, welche im Perfekt stehen und somit die Vorzeitigkeit bezeichnen, rot, die zur Bezeichnung der Gleichzeitigkeit im Präsens stehenden grün! Beachte bei der Übersetzung das Zeitverhältnis!

1. Multos homines sua tantum commoda appetere constat. – 2. Narrant scriptores[1] aliquando mercatorem uxori imperatoris gemmas[2] falsas dedisse. – 3. Ea de causa imperatorem lacessitum, mercatorem autem a custodibus arcessitis capessitum esse. — 4. Constat imperatorem in illum hominem turpem inquisivisse eumque criminis[3] accusavisse. — 5. Hodie quoque multos homines sibi solis consulere cognovimus.

[1]) scriptor, -oris: *Schriftsteller*   [2]) gemma, -ae: *Edelstein*
[3]) criminis accusare: *(wegen) eines Verbrechens anklagen*

48 **2** Bilde zu folgenden Verben jeweils den Infinitiv Perfekt Passiv, Perfekt Aktiv, Präsens Passiv und trage diese Formen, wie angegeben, in die anschließende Tabelle ein. Wo eine Form nicht gebildet werden kann, setze — — !

Verbum im Infinitiv Präsens	Inf. Perf. Pass.	Inf. Perf. Aktiv	Inf. Präs. Passiv
appetere			
adiuvare			
capessere			
monere			
lacessere			
prodere			
consuescere			
obtinere			
inquirere			
deponere			
petere			

48 **3** Zur Wiederholung und Vertiefung des Wortspeichers:

suum tantum commodum appetere — falsa nuntiare — verba vatis magnifica iudicare — villam et hortum statuis ornare — corpus laboribus consuevisse — gemmas a mercatore emisse

49-51

1 Übersetze!

Ein Sohn beklagt sich bei seinem allzu strengen Vater

1. Nisi tam severus esses, tibi libenter parerem. – 2. Stultitias¹ meas non dissimularem. – 3. Libenter ludum frequentarem². – 4. Vita mea non aspera neque misera esset, sed beata.

¹) stultitia, -ae: *(hier) dummer Streich* ²) frequentare: *besuchen*

49-51

2 Übersetze!

(Ein geschlagener Legat versucht, sich bei seinem Vorgesetzten zu rechtfertigen)

1. Si auxilia in eum locum duxisses, ubi nos pugnavimus, superati non essemus. – 2. Si tu ipse me tuis copiis adiuvisses, adversarii a copiis nostris fugati essent. — 3. Nisi ego milites ex eo loco movissem, cuncti necati essent. — 4. Tu quoque idem fecisses¹, si corpora tot vulneratorum vidisses!

¹) feci: *ich habe gemacht/getan*

49-51

3 Großer Auswahltest zu den Kapiteln 49–51

Auf jede der gestellten Fragen gibt es nur eine richtige Antwort. Kennzeichne sie durch Ankreuzen im entsprechenden Kästchen!

w x y z

1. Welche Form paßt hier nicht zu den anderen?	petivi / novi / cavi / crevi	☐☐☐☐
2. Ergänze die passende Form! *Gauderem, si nos ....*	adiuvistis / adiuvabis / adiuveras / adiuvares	☐☐☐☐
3. Welche Form kann **nicht** Verbalform sein?	liberas / liberam / liberavisses / liberares	☐☐☐☐

DIESER TEST IST IN FORM UND INHALT URHEBERRECHTLICH

Großer Auswahltest zu den Kapiteln 49-51: Fortsetzung

w x y z

4. Was ist ein **Refugium**?
   - ein Musikstück
   - ein Zufluchtsort
   - eine Türspalte
   - eine Flüchtlingsvereinigung

5. Welche zwei Formen stimmen in der **Zeit** überein?
   - *datum esset / admonueratis*
   - *dedisses / esses*
   - *ero / erro*
   - *potuistis / appellabitis*

6. Welche Form steht **nicht** im Konjunktiv?
   - *fuisses*
   - *gauderes*
   - *noces*
   - *esses*

7. Welche Form paßt vom Tempus her **nicht** in diese Reihe?
   - *dedissetis*
   - *possetis*
   - *fuissetis*
   - *vocati essetis*

8. Ergänze! *Postulavi, ut mihi* ....
   - *parent*
   - *parant*
   - *parerent*
   - *paruissent*

9. Was ist ein **Kapital**verbrechen?
   - ein Verbrechen in der Hauptstadt
   - ein Verbrechen gegen die Finanzgesetze
   - ein Verbrechen, bei dem man den Kopf riskiert
   - ein besonders schweres Verbrechen

10. Welche Subjunktion läßt sich einsetzen?

    Caesar milites admonuit, ... agros sociorum vastarent.
    - *ne*
    - *ut*
    - *dum*
    - *ut non*

GESCHÜTZT UND DARF DESHALB IN KEINEM VERFAHREN VERVIELFÄLTIGT WERDEN · DIESER TEST IST IN FORM UND INHALT URHEBERRECHTLICH GESCHÜTZT

Großer Auswahltest zu den Kapiteln 49-51: Fortsetzung

w x y z

11. Welcher Gliedsatz paßt **nicht** als Ergänzung?

    Comitem adiuvi, ... quamquam me saepe violaverat.
                      ne adversarii eum vulnerare possent.
                      ne eum servarem.
                      cum in periculo esset.

12. In welchem der Gliedsätze von Aufgabe 11 liegt ein **Temporalsatz** vor?

    im *cum*-Satz
    im *ne .... possent*-Satz
    im *ne .... servarem*-Satz
    im *quamquam*-Satz

13. Welche Subjunktion kann **nicht** temporal sein?

    dum
    ne
    postquam
    cum

14. Wo steckt die Konjunktion?

    priusquam
    itaque
    quod
    cum

15. Welche Kon-/Subjunktion schließt einen Satz mit folgerndem Sinn an?

    quod
    cum
    nisi
    itaque

16. In welchem Satz liegt ein **Irrealis** vor?

    Valde gaudebo, si apud nos manebis.
    Rogavimus eum, ut nobis tabulas monstraret.
    Cum imperator signum dedisset, tuba sonuit.
    Gauderem, si maneres.

17. Welche Form fällt aus der Reihe?

    sedi
    dedi
    iuvi
    movi

4 Zur Wiederholung und Vertiefung des Wortspeichers:

Verbinde jeweils eine Zeile der linken Hälfte mit einer auf der rechten zu sinnvollen Sätzen bzw. Ausdrücken!

leo vivus	movebimus
amicos bonos	praecipitari
cras signa	arenam reliquit
in insidias	sibi eligere
hominem capessitum	imprimis communia agere debent
omnes partes	in carcerem ducere
pro salute patris	misericordiam domini implorare
capite velato	deos orare atque obsecrare

52 **1** Im Zentrum der folgenden Rechtecke sind Dir die Leitwörter *ludus*: Schule — *scientia*: Wissen — *littera*: Buchstabe angegeben. Trage jeweils in den Rahmen (1) **Adjektive** ein, welche zu diesen Leitwörtern gehören, in den nächsten (2) **Substantive**, in den äußersten (3) passende **Verben**! In jedem Sachfeld ist Dir ein Wort als Arbeitsbeispiel angegeben.

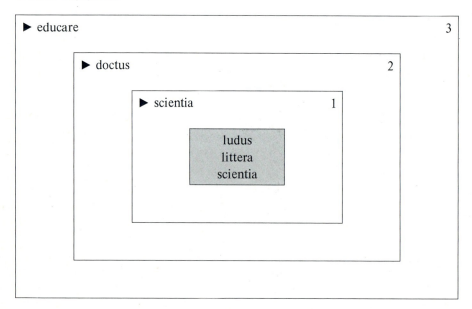

52 2 Transformiere wie angegeben!

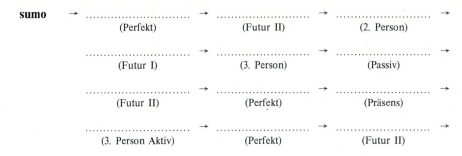

sumo → .... → .... → .... →
       (Perfekt)   (Futur II)   (2. Person)

.... → .... → .... →
(Futur I)   (3. Person)   (Passiv)

.... → .... → .... →
(Futur II)   (Perfekt)   (Präsens)

.... → .... → .... →
(3. Person Aktiv) (Perfekt)   (Futur II)

52 3 Zur Wiederholung und Vertiefung des Wortspeichers:

sententias senatorum emisse — ex itinere revertisse — per multos menses in terra aliena fuisse — poculum promere — in (mare) altum navigare — in monte alto villam ponere — dextrā poculum tenere — laboribus consumptum esse — genus nautarum contemnere — ludis claris interfuisse — sibi tempus sumere — iter unius mensis

52 4 Verbinde jeweils eine Zeile der linken Hälfte mit einer der rechten zu einem sinnvollen Ausdruck und übersetze ihn!

equos telis   motum esse
gratia et opibus   memoriae tradere
verbis supplicibus   numquam violare
in summo periculo   postridie recreare
foedera   ab horto arcere
corpus vexatum   multum valere
opera scriptorum   libenter ignovisse
gaudio vehementi   ultima audere

53-54

1 Großer Auswahltest zu den Kapiteln 53-54

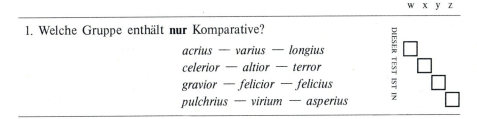

w x y z

1. Welche Gruppe enthält **nur** Komparative?

acrius — varius — longius
celerior — altior — terror
gravior — felicior — felicius
pulchrius — virium — asperius

DIESER TEST IST IN

Großer Auswahltest zu den Kapiteln 53-54: Fortsetzung

w x y z

2. Kreuze den einzigen **Positiv** an!
   - longioribus
   - viribus
   - callidus
   - pulchrius

3. Was versteht man unter **Gravitation**?
   - Erdanziehungskraft
   - einen Glückwunsch
   - eine Beschwerde
   - würdevolles Betragen

4. Welche der folgenden Formen gehört zu einem **Nomen**?
   - esses
   - moneres
   - montes
   - fuisses

5. In welchem Ausdruck liegt **kein** Neutrum vor?
   - incendium vehementius
   - donum gratum
   - arma formidulosiora
   - navium longiorum

6. Welche Form kann Akkusativ sein?
   - iustus
   - modestior
   - honos
   - longius

7. Welche Form kann **nicht** Akkusativ sein?
   - instrumentum grave
   - aedificium pulchrius
   - magnum praemium
   - morum crudeliorum

8. *Fortuna fratris .... fuit quam mea.*
   Welche Form ist einzusetzen?
   - aspera
   - asperius
   - asperrima
   - asperior

9. „Der Kühnste" heißt
   - audivimus
   - audacius
   - auderemus
   - audacissimus

Großer Auswahltest zu den Kapiteln 53-54: Fortsetzung

w x y z

10. Was versteht man unter **Kalamitäten**?
    - eine Bonbon-Sorte
    - Opernsänger-Biographie
    - Schwierigkeiten
    - schlaue Aussprüche

11. Wo steckt ein **Komparativ**?
    - terrore
    - terremini
    - ceteri
    - acriore

12. Welche Form ist ein **Superlativ**?
    - acrium
    - celerium
    - callidum
    - celerrimum

13. Bei welcher Gruppe bilden **alle** Adjektive den Superlativ auf *-issimus*?
    - pulcher — asper — novus
    - stultus — liber — doctus
    - crudelis — audax — latus
    - miser — doctus — acer

14. *Interdum .... tempestatum terrebamur.*
    Welches Wort paßt?
    - viri
    - viro
    - viribus
    - vi

15. *pulchrae — .... — pulcherrimae*
    Welches Wort paßt in die Lücke?
    - pulchrior
    - pulchriore
    - pulchrius
    - pulchrioris

16. Welche Form paßt **nicht** in die Reihe?
    - ceteri
    - siti
    - mari
    - nave

17. Welche Form stört in dieser Abfolge?
    - turpium
    - gravissimorum
    - acerrimum
    - acrioris

Großer Auswahltest zu den Kapiteln 53-54: Fortsetzung		
		w x y z
18. Wo liegt keine Verbform vor?	*iacta* *perturbata* *unda* *seda*	☐ ☐ ☐ ☐
19. Welche Form paßt nicht in die Reihe?	*molestissima* *commissa* *audacissima* *longissimum*	☐ ☐ ☐ ☐

URHEBERRECHTLICH GESCHÜTZT UND DARF DESHALB

53-54

2 Zur Wiederholung und Vertiefung des Wortspeichers:

tempus intermittere — famem sedare — undis atrocibus territum non esse — prima luce pugnam committere — animum demittere — vela vento dare — pecuniam amico committere — ceteros non in hortum admittere — animal pulchrius quam cetera — pecunia amissa — occasionem praetermittere

55

1 Hier darfst Du Dein Kombinationsvermögen prüfen.

Stelle aus den Verben der linken Seite und den Objekten/Adverbialien auf der rechten sinnvolle Formulierungen zusammen und übersetze sie! Bezeichne die jeweils richtige Verbindung durch einen Pfeil!

decedere	occasionem
permittere	capite superbo
discedere	in oppidum firmum
praetermittere	e patria
succedere	amicis cuncta
recedere	amicis auxilium
incedere	regi mortuo
promittere	in multas regiones

55 2 Stelle alle Wörter zusammen, die Dir zum Wortfeld REDEN/ERZÄHLEN bekannt sind! Übersetze sie! (Verwende die Zusammenfassungen im Wortspeicher als Hilfe!)

Substantive:	Adjektive:	Verben:
....	....	....
....	....	....
....	....	....
....	....	....
....	....	....
....	....	....
....	....	....
....	....	....

Ordne die gefundenen Substantive nach Deklinationen, die Verben nach Konjugationen!
Bilde Wortpaare aus je einem Substantiv und einem dazu passenden Adjektiv und trage sie in die folgenden Leerzeilen ein!
Die gleiche Übung ist möglich zum Wortfeld GÖTTER/TEMPEL/GOTTESDIENST oder SEEFAHRT oder KUNST/WISSENSCHAFT.

....
....
....
....

55 3 Zur Wiederholung der „kleinen Wörter" aus den Kapiteln 47-55:

quia: ....   cras: ....   postridie: ....
cum (m. Konj.): ....   ut (m. Konj.): ....   ne (m. Konj.): ....
ita: ....   quam: ....

56 1 Bilde zu den angegebenen Substantiv-Adjektiv-Paaren die geforderten Kasus!

	Akkusativ Singular	Ablativ Singular	Nominativ Plural	Genitiv Plural
mulier				
pauper				
nomen				
vetus				
civitas				
dives				
miles				
vetus				
aedificium				
pauper				

56 2 Ergänze nach den Substantiven die richtigen Formen der jeweils oben angegebenen Adjektive!

PAUPER	VETUS	DIVES
ab avo	aedificia	ab homine ....
servorum	ab animali	vatium ....
regiones (Nom.)	turrium	iuvenum ....
amicas	nomina	agrum ....

56 3 Zum besseren Erkennen von Satzgliedern und deren **Funktion**:

3.1 Bestimme den Kasus und seine Funktion!

    verbis supplicibus senatores implorare   ....

    victoria legati gaudere   ....

    gladiis adversarios arcuisse   ....

3.2 Bestimme den Modus und seine Funktion!

    si affu**isses**, beati fu**issemus**.   ....

    nisi pauperes **essemus**, te adiuvissemus   ....

3.3 Benenne das fettgedruckte Satzglied!

Caesar, **imperator Romanus**, Galliam expugnavit. ....

Caesar **imperator prudens** fuit. ....

4 Zur Wiederholung und Vertiefung des Wortspeichers:

vocibus dulcibus aures praebere — ante urbem veterem consistere — incitare animos nautarum — tutus a periculo — desistere (a) pugna — invidere homini diviti — in te salus omnium consistit — nullam occasionem praetermittere

1 In der ersten Spalte der folgenden Tabelle sind Dir jeweils Substantive (z. T. mit Adjektiven), in der zweiten Spalte Adverbien oder sonstige Ergänzungen gegeben.
Ergänze in der letzten Spalte passende Partizipien (Präsens Aktiv und Perfekt Passiv) so, daß sinnvolle Ausdrücke entstehen! Für die Bildung dieser Partizipien sind Dir nachstehend Verben im Infinitiv angegeben. Wähle das jeweils passende Verbum aus!

(▶ *sedere*) − sonare | perturbare | vindicare | tolerare | arcere | circumdare

Substantive mit Adjektiven	Adverbien u. andere Ergänzungen	Partizipien
▶ Arion	in dorso¹ delphini²	sedens
animalia misera	sitim	....
facinus atrox	a domino	....
socius fidus	adversarium temptantem	....
arx alta	moenibus firmis	....
animalia ingentia	liberos spectantes	....
tuba	iterum atque iterum	....

¹) dorsum, -i: *Rücken*   ²) delphinus, -i: *Delphin*

2 Dekliniere die entstandenen Substantiv-Partizip-Paare aus obiger Tabelle!

3 Ersetze den Relativsatz durch eine Partizipialkonstruktion!

1. Spectabamus in illo loco animalia, quae diu neque corpus neque caput movebant.
2. Sine mora homines temptabant, qui ac-cedebant.
3. Cum ab hominibus circumdabantur, medias in undas se praecipitabant.
4. Ne suis quidem liberis veniam dabant, cum ac-cedebant.

57 4 Übersetze!

Flipper

1. Plinius scriptor in litteris quibusdam[1] hanc fere fabulam narrat: – 2. Est in Africa colonia quaedam[1] ad mare sita. – 3. Saepe ibi pueros prope litus, alios etiam in mare altum natantes[2] vidi. – 4. Illi pueri narraverunt se delphinum ad se ac-cedentem spectavisse. – 5. Pueros laetos prope se natantes delphinus diu toleravit. – 6. Pueri autem animali comitante[3] mox gaudebant. – 7. Puer quidam[1] animali etiam corpus ad-movit. – 8. Crevit audacia liberorum in dies[4]; nam delphinus nocte in (mare) altum recessit, interdiu[5] ad litus revertit.

(Fortsetzung ↗58.1)

---

[1]) quidam, quaedam, quoddam: *ein gewisser (Abl. Plural:* quibusdam*)*   [2]) natare: *schwimmen*
[3]) comitans, -antis *(Partizip): begleitend*   [4]) in dies: *von Tag zu Tag*   [5]) interdiu *(Adv.):* untertags

57 5 Zusatzaufgaben zu Text 57.4:

1. Unterstreiche in dem Text alle Adjektive und Partizipien, die prädikativ verwendet sind!
2. Bei welchen Verben (Prädikaten) finden sich vor allem solche prädikativ gebrauchten Adjektive und Partizipien?

58 1 Eine weitere lateinisch-deutsche Übersetzung, die Fortsetzung der Flipper-Geschichte:

1. Mox neque pueri bestiam timebant neque delphinus (↗57.1) liberos comitantes[1] timuit. – 2. Libenter eos clamantes audivit, circa se natantes (↗57.4) non prohibuit. – 3. Puerum illum audacissimum etiam dorso[2] suo imposuit ibique sedentem per mare portavit. – 4. Cum homines stulti bestiam etiam in litus traherent[3], illa timore vel irā mota in altum recessit. – 5. Pueros ludo grato carentes maestos reliquit. – 6. Plinius, qui illam fabulam composuit, affirmat atque contendit eam (fabulam) veram esse: – 7. „Ipse pueros natantes observavi. – 8. Homines, qui ipsi spectaculo[4] interfuerunt, mihi narraverunt."

---

[1]) comitans, -antis *(Part.): begleitend*   [2]) dorsum, -i: *Rücken*   [3]) trahere: *ziehen*
[4]) spectaculum, -i: *Schauspiel, sehenswertes Vorkommnis*

58 2 Zusatzaufgaben zum Text in Übung 1:

1. Sind Dir Tatsachen bekannt, die dafür sprechen, daß die von Plinius erzählte Geschichte tatsächlich so verlaufen sein könnte?

2. Welche Eigenschaft von Lebewesen (Tiere oder Menschen) könnte zu einer so ungewöhnlichen Vertrautheit zwischen Mensch und Tier führen?
3. Aus welchen Formulierungen geht hervor, daß der Autor sich selbst darüber im klaren ist, daß seine Geschichte unwahrscheinlich klingt?
4. Stelle alle Formulierungen zusammen, welche die in Frage 2 gesuchte Eigenschaft kennzeichnen!

59-60

1 Setze in den folgenden Text an den freigehaltenen Stellen jeweils einen passenden Positiv / Komparativ / Superlativ ein! Es stehen zur Verfügung:

magnus — parvus — bonus — malus — multi — multum

1. Quis illis temporibus .... regiones orbis terrarum quis .... homines, ... et ...., noverat quam Ulixes? 2. Cum Graeci .... annos ad Troiam pugnavissent, Ulixes illum .... equum ligneum (ligneus, -a, -um: *hölzern*) aedificavit, in quo .... Graeci illud oppidum intraverunt. 3. Dolos .... adhibuit, ut adversarios superaret. 4. .... quoque Polyphemum fraudavit (fraudare: *betrügen, überlisten*), ut homines illius aetatis .... iure Ulixem virum callidissimum vocarent. 5. Ne .... quidem ominibus Ulixes territus est. 6. Quis vestrum .... de illo viro narrare potest?

59-60

2 Test zu den Kapiteln 59-60

Fragen und Aufgaben:	Punkte:	Lösung im GB:
1. Bilde zu *vinum vetus* folgende Formen!		DIESER TEST IST IN 6.G1/ 56.G1
Ablativ Singular:	(1)	
Akkusativ Plural:	(1)	
Genitiv Plural:	(1)	
Übertrag	(3)	

| Test zu den Kapiteln 59-60: Fortsetzung | Punkte: | Lösung im GB: |

Übertrag (3) .....

2. Welche Besonderheit kennzeichnet die Grundzahlen von 4-10 gegenüber 1-3?

   .... (1) 59.G1/2

3. Trage jeweils den Komparativ und Superlativ ein!

   multum   *bonum*   *magnus*

   .... (3) 60.G1

   .... (3) .....

4. Bilde zu *animal prudens* folgende Kasus!

   Ablativ Singular: .... (1) 39.G2/
   Genitiv Plural: .... (1) 44.G1
   Akkusativ Plural: .... (1) .....

5. Wie laut zu *liberare* das

   Partizip Präsens Aktiv: .... (1) 57.G1/
   Partizip Perfekt Passiv: .... (1) 21.G1

6. Bilde zu *tres pueri* folgende Formen:

   Genitiv: Dativ: Akkusativ:

   .... (3) 59.G1

7. Welches Genus hat *arbor, -ŏris*?

   .... (1) WSp.55

8. Bilde zu *unus vir fortis* folgende Kasus:

   Genitiv: .... (1) .....
   Ablativ: .... (1) 59.G1
   (43.G2)

9. Bilde zu *puer exsultans* folgende Kasus:

   Ablativ Singular: .... (1) .....
   Genitiv Plural: .... (1) 57.G1

   (23) .....

59-60

3 Übersetze!

Aeneas

1. Aeneas ille vir fortissimus filius Anchisae[1] fuit. — 2. Decem annos cum multis Troianis fortiter[2] pugnantibus Graecos a Troia prohibuerat. — 3. Postremo Troiani dolo Ulixis superati sunt. — 4. Nam audacissimi Graecorum in equo ligneo[3] occultati[4] a Troianis ipsis in urbem transportati sunt atque nocte portas urbis amicis aperuerunt[5]. — 5. Troja incendio vastata a Graecis deleta est. — 6. Aeneas autem patrem senem in tergo[6] portans urbem ardentem[7] reliquit et cum nonnullis comitibus in Africam, postea in Italiam navigavit.

[1]) Anchisae *(Gen.)*: *des Anchises*   [2]) fortiter *(Adv.)*: *tapfer*   [3]) ligneus, -a, -um: *hölzern*
[4]) occultare: *verstecken, verbergen*   [5]) aperui *(Perf.)*: *ich habe geöffnet*   [6]) tergum, -i: *Rücken*
[7]) ardēre: *brennen*

59-60

4 Zusatzaufgaben zum Text in Übung 3:

1. Versuche folgende Partizipien in diesem Text durch einen Gliedsatz genauer in ihrem Sinn festzulegen (mögliche Sinnrichtungen könnten sein: temporal / modal / konzessiv / kausal)!

   pugnantibus (Satz 2) — occultati (S. 4) — vastata (S. 5)

2. Welches Satzglied vertritt die Formulierung ILLE VIR FORTISSIMUS in Satz 1?
3. Bestimme die Funktion des Ablativs NOCTE in Satz 4!
4. Mit welcher Sinnrichtung läßt sich das Partizip PORTANS in Satz 6 am besten übersetzen.

59-60

5 Zur Wiederholung und Vertiefung des Wortspeichers:

arboribus densis prohiberi — unum oculum in fronte habere — morbo gravi laborare — veritate non violari — solem et caelum vix sustinere — pessima narrare — se ferocem praebere — plurimum valere — naves ad litus regere

61

1 Übersetze!

Arion

1. In Graecia homines libenter in ea loca con-venerunt, ubi Arion suaviter[1] et modis dulcibus cantabat. – 2. Nemo enim tam docte, nemo tam pulchre carmina cantare potuit. – 3. Audacter Arion etiam in oppida Italiae et Siciliae navigavit, ut homines

[1]) suavis, -e: *lieblich, süß*

laboribus vitae vexatos delectaret. – 4. Aliquando Arion ex eiusmodi² itinere nave parva in patriam navigare paravat. – 5. Sed dominus navis nautaeque avari virum doctum crudeliter necare paraverunt, ut vobis iam narravi. – 6. Arion se fortiter in undas praecipitans a delphino servatus est. – 7. Postea illi homines crudeles in Graecia severe multati³ sunt, quamquam iudices⁴ suppliciter imploraverunt.

2) eiusmodi: *derartig*   3) multare: *bestrafen*   4) iudex, -dicis: *Richter*

61 2 Schreibe aus Text 61.1 alle Adverbialia, auch solche, die nicht von einem Adjektiv abgeleitet sind, heraus! Notiere dann die im Text enthaltenen Adjektive!

....
....
....
....
....

61 3 Zusatzaufgaben zum Text in Übung 1:

1. Was hast Du über die Stellung des Sängers in der Antike, aber auch in der Zeit unserer Vorfahren schon gehört?
2. Versuche, in unserer Zeit vergleichbare Vorgänge zu erkennen, und benenne sie!
3. Warum hatten diese Sänger in der Antike eine viel größere Bedeutung für die Menschen als in unserer Zeit?

62 1 Trage jeweils einen passenden Positiv/Komparativ/Superlativ der vier Adjektive *celer — acer — doctus — constans*¹ in die offenen Stellen der folgenden Sätze ein oder bilde dort, wo der Satzbau dies verlangt, von den gleichen Wörtern das Adverb und setze es ein!

1. Pauci homines dolores .... toleraverunt quam Ulixes.

2. Naves Tyriorum .... omnium navium illius aetatis fuerunt.

3. Aeneas pietate .... fuit.

4. Milites gladio .... bestias prohibuerunt.

5. Arion .... in patriam revertit.

6. Navis .... in Hispaniam navigavit.

7. Plurimi Athenienses Periclem virum .... putabant.

8. Adulescentes .... potaverant.

¹) constans, -ntis: *Adjektiv zu* constantia

2 Test zu Kapitel 62

Fragen und Aufgaben:	Punkte:	Lösung im GB:
1. Gib folgende Komparativformen **nicht** mit dem Komparativ wieder! *tardius* *acrius*	(2)	53.G2.2
2. Übersetze die Superlative in den folgenden Ausdrücken mit dem Elativ! *acerrime pugnare* .... *celerrime navigare*	(1) ..... (1)	54.G1.3
3. Von welchem Bestandteil des Adjektivs wird das Adverb gebildet?	(1)	61.G2.2
4. Gib in drei kurzen deutschen Sätzen je ein Beispiel für das attributive, das prädikative Adjektiv und das Adverb!	(1) ..... (1) ..... (1)	61.G1.1
5. Bilde zu folgenden Adjektiven das Adverb! *miser* .... *beatus* .... *prudens* .... *acer*	(2) ..... (2)	61.G2.2
6. Bilde den Komparativ zu den in Aufgabe 5 gebildeten Adverbien!	(2) ..... (2)	62.G1.1
7. Bilde zu den gleichen Adverbien den Superlativ!	(2) ..... (2)	62.G1.2
	(20)	

3 Zur Wiederholung und Vertiefung des Wortspeichers:

a) Kombiniere zu sinnvollen Ausdrücken und übersetze sie!

summo studio   prope litus comprehendisse
verba adversarii   ad caelum tendere
adulescentibus laborantibus e fenestra iactavisse
mensas et lectos   sententiam dicere
bracchia vulnerata   libenter audivisse
fabulas maritimas   philosophiae se dare
moderate, sed fortiter   velociter succurrere
complures piratas   ridere
  (pirata: Pirat)

b) Übersetze!

arbore cadente violari — tarde recedere — Ave, Caesar! — dolore assiduo vexari — aqua maritima sitim sedare non posse — frequentes in forum convenisse — Quo haec tendunt?

4 Zu jedem Adjektiv der folgenden linken Reihe findet sich in der rechten ein Adjektiv, welches das Gegenteil ausdrückt. Ziehe Verbindungslinien!

modestus   severus
tutus   parvus
clemens   stultus
beatus   superbus
Graecus   novus
audax   maestus
doctus   periculosus
antiquus   pauper
clarus   barbarus
laetus   miser
opulentus   timidus
magnus   ignotus

5 Nachstehend findest Du je 10 Substantive und Adjektive aus dem Wortfeld KUNST – KULTUR – WISSENSCHAFT. Ordne je ein Substantiv und Adjektiv zu sinnvollen Wortpaaren!

Substantiv: homo — statua — tabula — theatrum — philosophus — mores — poeta — auctor — carmen — medicus.

Adjektiv: antiquus — clarus — doctus — novus — barbarus — humanus — integer — pulcher — modestus — prudens.

6 Wer die verschiedenen Arten der Wortbildung kennt, muß beim Wörterlernen sein Gedächtnis viel weniger strapazieren. Versuche, bei den drei folgenden Gruppen jeweils am Arbeitsbeispiel zu erkennen, wie sich Substantive/Adjektive voneinander ableiten lassen, und bilde dann die fehlenden Substantive bzw. Adjektive selbst!

▶ a) crudelis → CRUDELITAS   b) sapiens → SAPIENTIA
　　celer → ....   　tristis → ....
　　felix → ....   vehemens → ....
　　gravis → ....   miser → ....
　　.......... ← paupertas   amicus → ....
　　.......... ← vetustas   modestus → ....
　　callidus → ....   clemens → ....
　　severus → .... ← constantia

　　▶ c) magnus → MAGNITUDO
　　　　amplus → ....
　　　　pulcher → ....
　　　　longus → ....
　　　　turpis → ....
　　　　solus → ....

Übersetze die neu gefundenen Wörter in das Deutsche!

1 Übersetze!

Weitere Geschichten über Odysseus/Ulixes

1. Ulixes, cum nonnullos comites apud Cyclopen[1] amisisset, cum ceteris **salvus** ad navem suam revertit. – 2. Ibi altera pars comitum sortem amicorum dolens ducemque exspectans **maesta** sedebat. – 3. Ab omnibus propter calliditatem[2] incredibilem **laudatus** Ulixes navem ad insulam Circae[3] rexit. – 4. Illa saga[4] homines sibi occurrentes in bestias mutabat. – 5. A deis **adiutus** Ulixes artes Circae[3] prohibuit comitesque servavit, ut **incolumes** ex illa insula discedere possent. – 6. Dolum callidum **adhibens** tum etiam Sirenes[5] superavit, quae prudentia eius **victae** se in mare praecipitaverunt.

---

[1] Cyclops, -opis (*Akk.* -open): *ein einäugiger Riese, eigtl. „Rundauge"*
[2] calliditas, -atis: ↗Übung 62.6a!   [3] Circa, -ae: *Circe*   [4] saga, -ae: *Zauberin*
[5] Sirenes, -um: *die Sirenen; Zauberwesen (Mädchen mit Vogelleibern), die besonders schön singen konnten, dadurch die vorbeifahrenden Matrosen ablenkten und ihre Schiffe zum Scheitern brachten*

63

2 Zusatzaufgaben zum Text 63.1:

1. Bestimme bei allen fettgedruckten Wörtern die Wortart und die Funktion im Satz!
2. Versuche, bei allen Partizipialkonstruktionen die Sinnrichtung durch einen entsprechenden Gliedsatz zum Ausdruck zu bringen!
3. Wo liegt eine „geschlossene Wortstellung" vor?
4. Bestimme die Sinnrichtung des UT-Satzes in Satz 5!

64-66

1 Transformiere wie angegeben!

prohibeo	→	→	→	→
	(2. Person)	(Konjunktiv)	(Plural)	

....	→	→	→	→
(Imperfekt)	(Passiv)	(Präsens)	(3. Person)	

....	→	→	→	→
(Aktiv)	(Indikativ)	(2. Person)	(Imperativ)	

....	→	→	→	
(Singular)	(Konjunktiv)	(Indikativ)	(Futur I)	

64-66

2 Großer Auswahltest zu den Kapiteln 64-66

Auf jede der gestellten Fragen gibt es nur eine richtige Antwort. Kennzeichne sie durch Ankreuzen im entsprechenden Kästchen!

w x y z

1. Welche Form paßt **nicht** in die folgende Reihe?
   - *cavi*
   - *laudavi*
   - *sedi*
   - *vidi*

2. *Cras .... navigabimus.* Welche der folgenden Formen läßt sich **nicht** in diesen Satz einsetzen?
   - *Romam*
   - *in Graeciam*
   - *Tarentum*
   - *Italiam*

3. Was ist ein **Attest**?
   - Schulstrafe
   - Intelligenzprüfung
   - (ärztliches) Zeugnis
   - Befreiung vom Unterricht

DIESER TEST IST IN FORM UND INHALT URHEBERRECHTLICH

Großer Auswahltest zu den Kapiteln 64-66: Fortsetzung

w x y z

4. Welche Form stört in der folgenden Reihe?

invidia
exempla
corpora
foedera

5. Wo steckt der Konjunktiv?

turrim
sim
statim
sitim

6. *Imperator mercatorem non necavit,*
cum ille uxori gemmas falsas dedisset.
Welche Bedeutung von *cum* paßt für diesen Satz?

weil
mit
als
obwohl

7. Welche Form stört bei dieser Reihe?

laudes
sis
gaudes
moneas

8. Was ist eine Rezession?

eine Begutachtung?
ein Rückschnitt von Bäumen?
ein religiöser Umzug im Land?
eine rückläufige Entwicklung?

9. „Wir werden uns freuen — wir erfreuen — wollen wir uns freuen!"
Welche Reihe enthält die drei richtigen Übersetzungen?

gaudebimus — gaudemus — gaudeamus
gaudebimus — delectamus — gaudete
delectabimus — delectamus — gaudeamus
gaudebimus — delectamus — gaudeamus

10. Welche Form ist **nicht** Verbalform?

das
des
dederas
deas

11. Welches ist die **Verbal**form?

vim
clamarem
virum
clamorem

GESCHÜTZT UND DARF DESHALB IN KEINEM VERFAHREN VERVIELFÄLTIGT WERDEN · DIESER TEST IST IN FORM UND INHALT URHEBERRECHTLICH GESCHÜTZT UND DARF DESHALB

Großer Auswahltest zu den Kapiteln 64-66: Fortsetzung

w x y z

12. In welcher Zeile stehen beide
    Verbformen im gleichen
    Tempus und **Modus**?

    auxerim — risero
    laudavero — ero
    nocuissem — liberatus esset
    rideremus — moneamus

13. Was ist **Fatalismus**?

    ein asiatischer Kult
    Schicksalsgläubigkeit
    Luftspiegelung
    Vereinigung arabischer Widerstandskämpfer

14. *Animal .... fuit, ut omnes terrerentur.*
    Welche der folgenden Formen paßt in die Lücke?

    tantum
    magnum
    tam
    ita

15. „Bewege nicht! — wir werden nicht ermahnen —
    wollen wir nicht vergleichen!"
    Welche Zeile enthält die drei richtigen Übersetzungen?

    ne moveamus — non movebimus — ne comparemus
    ne moveritis — non monebimus — ne comparemus
    ne moveris — non monebimus — ne comparaveritis
    ne moveris — non monebimus — ne comparemus

16. Ergänze den Satz!
    Villa numquam ardebit,
    si semper flammas ignemque ....

    movebis
    arseris
    curaveris
    curas

17. „*Ne arcueris*
    miseros!"
    heißt .....

    Vermehrt das Unglück nicht!
    Verbrenne die Armen nicht!
    Haltet das Mitleid nicht zurück!
    Halte die armen Menschen nicht zurück!

18. Was ist ein **Lux**?

    Einheit der Beleuchtungsstärke
    männlicher Vorname
    scharfsichtiger Mensch
    Raubtier

19. Welche Form paßt **nicht** in diese Reihe?

    monuerim
    armem
    sim
    prohibeam

Großer Auswahltest zu den Kapiteln 64-66: Fortsetzung

w x y z

20. Bei welcher der folgenden Zeilen bilden alle Verben das Perfekt mit *-si*?
    - ridere — manere — arcere
    - nocere — augere — dare
    - ridere — stare — ducere
    - augere — dicere — ardere

21. Ergänze den folgenden Satz!
    Pater rogat, quis fratrem ....
    - *violat*
    - *vulneret*
    - *violaverit*
    - *violavisset*

22. In welcher Verbform kann ein Wunsch ausgedrückt sein?
    - *festinatis*
    - *festinent*
    - *festinavero*
    - *si festinaretis*

23. Welche Form kann Nominal- und Verbalform sein?
    - *turris*
    - *augebis*
    - *sitis*
    - *risistis*

24. In welcher Form steckt kein Futur?
    - *monuero*
    - *eritis*
    - *auxerim*
    - *fuerint*

25. Welches Wort kann **keine** Nominal-Form sein?
    - *ducum*
    - *duces*
    - *ducis*
    - *ducas*

26. *Dominus rogat, a quo* .... welche Verbform paßt?
    - *prohibemini*
    - *prohiberemini*
    - *prohibuissetis*
    - *prohibiti sitis*

27. „Weicht nicht zurück!" heißt
    - *non receditis*
    - *ne recedamus*
    - *ne recesseritis*
    - *non recessistis*

Großer Auswahltest zu den Kapiteln 64–66: Fortsetzung		
		w x y z
28. Welche Form kann **nicht** Verbalform sein?	regam reges rege regem	☐ ☐ ☐ ☐
29. Welche Form paßt **nicht** in die Reihe?	ne offueris cadis duc ne rideamus	☐ ☐ ☐ ☐

DIESER TEST IST IN FORM UND INHALT

64-66

3 Der Papst in Deutschland

1. Illo anno, *cum* Pontifex[1] Maximus iter per Germaniam fecit, ego *cum* patre caput regionis visitavi[2]. – 2. *Cum* urbem intraremus, multitudine hominum ibi per vias ambulantium[3] paene perturbati sumus. – 3. *Cum* pater meus negotia curare deberet, ego iuvenes in viis carmina cantantes observavi. – 4. Magna voce cantabant, *cum*que nonnulli homines eos circumdabant, pecuniam haud suppliciter postulabant. – 5. *Cum* pater negotia curavisset, in campo Pontificem[1] ipsum spectavimus. – 6. Tum in oppidum nostrum revertimus.

---

[1] pontifex, -ficis: *Priester;* Ponitfex Maximus: *Papst*   [2] visitare: *besuchen*   [3] ambulare: *spazierengehen*

64-66

4 Bestimme bei jedem CUM Sinnrichtung und Wortart! Verwende ggf. Tab. XV des Grammatischen Beiheftes!

64-66

5 Bestimme und übersetze die folgenden Formen von parāre und parēre!

Ordne sie nach dem Beispiel der ersten Form durch einen Verbindungsstrich dem richtigen Infinitiv zu! Bei Doppelbedeutung Strich zu beiden Infinitiven!

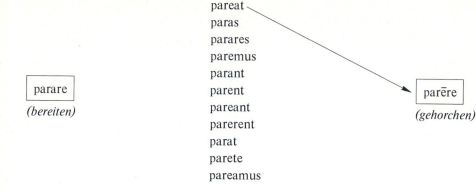

60-66

6 „Probeschularbeit" über den Stoff der Kapitel 60-66 (Arbeitszeit: 45 Minuten)

Der Raub der Sabinerinnen

1. Romulus postquam urbem Romam aedificavit, complures annos civitatem Romanorum regebat. – 2. „Rogo vos," inquit, „Romani, quae urbs ab hominibus aedificata pulchrior sit?"
3. Romani responderunt: „Villas amplas et templa admirabilia aedificavimus, Romule. – 4. Sed feminae nobis desunt; non habemus uxores et filias illa aedificia curantes deosque colentes. – 5. Itaque ne laudaveris sortem nostram!" – 6. Statim Romulus deliberat, unde civibus (cives, -is: *Mitbürger*) uxores parare possit. – 7. „Paremus ludos et certamina! Invitemus populum Sabinorum! – 8. Illi genti virgines[1] pulcherrimae sunt; cum omnis multitudo Sabinorum convenerit, filias eorum celeriter petemus et in villas nostras ducemus!"
9. Sabini a legatis invitati neque vim timentes neque facinus exspectantes libenter Romam venerunt. – 10. Subito iuvenes Romanos filias suas crudeliter raptantes[2] viderunt. – 11. Sic Romani sibi uxores paraverunt.

---
[1] virgo, -inis *f*: *Mädchen*   [2] raptare: *rauben, fortschleppen*

60-66

7 Zur Wiederholung der „kleinen Wörter" aus Kap. 56-66:

adhuc: ....   nonnumquam: ....

secundum: ....   ergo: ....

modo: ....   quam *(beim Superlativ)*: ....

nimis: ....

67 1 Bilde zu folgenden Wortpaaren (Substantiv/Zahlwort) die angegebenen Kasus!

	Genitiv	Dativ	Ablativ
unus homo	....	....	....
legio nona	....	....	....
viginti naves	....	....	....
duo corpora	....	....	....
liber secundus	....	....	....
tria nomina	....	....	....

67 2 Übersetze!

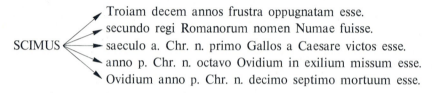

SCIMUS
- Troiam decem annos frustra oppugnatam esse.
- secundo regi Romanorum nomen Numae fuisse.
- saeculo a. Chr. n. primo Gallos a Caesare victos esse.
- anno p. Chr. n. octavo Ovidium in exilium missum esse.
- Ovidium anno p. Chr. n. decimo septimo mortuum esse.

68 1 Lies den folgenden Text durch! Unterstreiche dann alle Partizipialkonstruktionen (ablativus absolutus und participium coniunctum)!

1. Übersetze den Text zunächst, indem Du die Partizipialkonstruktionen durch Beiordnung (mit UND) wiedergibst! Achte bei der Wiedergabe des abl.abs. auf die Regel:
DER ABLATIV DES SUBSTANTIVS WIRD ZUM SUBJEKT;
DER ABLATIV DES PARTIZIPS WIRD ZUM PRÄDIKAT!
2. Versuche dann eine Übersetzung der Partizipialkonstruktionen durch temporale Unterordnung! Gehe dabei von folgenden Übersetzungsbrücken aus:
für den abl.abs. mit PPP: NACHDEM ... WORDEN WAR;
für den abl.abs. mit Partizip Präsens Aktiv: WÄHREND ...).

Aeneas kommt nach Italien und gründet Lavinium

1. Troia a Graecis expugnata Aeneas in Italiam venit. – 2. Cum Troiani e navibus in terram decessissent et omni frumento carentes praedam ex agris agerent, rex Latinus magnis copiis con-vocatis ac-currit, ut Troianos arceret. – 3. Pugna atroci victus Latinus armis positis pacem cum Aenea fecit. – 4. Postea illud foedus Laviniā Aeneae in matrimonium[1] datā confirmatum[2] est. – 5. Aenea iubente templa et villas illius oppidi aedificaverunt, quod ille a[3] nomine uxoris Lavinium appellavit. –

6. Aenea mortuo filius eius, Ascanius, Lavinium reliquit et dis iuvantibus Albam Longam condidit⁴, quae (urbs) per multos annos caput regni fuit.

¹) matrimonium, -i: *Ehe*   ²) confirmare: *(be)festigen*   ³) a *(hier)*: nach
⁴) condidi *(Perf.)*: *ich habe gegründet*

2 Übersetze den folgenden ablativus absolutus jeweils mit einem Gliedsatz! Ändere die Sinnrichtung entsprechend den verschiedenen Aussagen der folgenden Hauptsätze so, daß jeweils eine sinnvolle Aussage entsteht!

Nocte imminente
- milites in castra reverterunt.
- milites in castra non reverterunt.
- milites in castra revocati sunt.

Urbe expugnata
- dux militibus praedam concessit.
- incolae in villas reverterunt.
- Galli pacem non fecerunt.

3 Bestimme und benenne bei allen Partizipialkonstruktionen (ablativus absolutus und participium coniunctum) aus den Übungen 1 und 2 jeweils die Sinnrichtung! Möglichkeiten:

temporal — kausal — modal — konzessiv (↗GB.67.G2.2)

1 Übersetze folgende Ablative mit Partizip (sogenannte **nominale** Wendungen) nach dem Muster im Grammatischen Beiheft (69.G1.2) durch einen Präpositionalausdruck!

illis viris consulibus   ....

....

legato auctore   ....

Hannibale duce   ....

....

multis amicis comitibus   ....

....

2 Unterscheide bei der Übersetzung der folgenden Sätze genau zwischen Partizip Präsens (zum Ausdruck der Gleichzeitigkeit) und Partizip Perfekt (zum Ausdruck der Vorzeitigkeit)! Übersetze jeweils die Partizipialkonstruktion mit einem temporalen

Gliedsatz und wähle je nach dem Zeitverhältnis die angemessene Subjunktion! Achte auch beim Prädikat auf die richtige Zeit (Plusquamperfekt, Imperfekt)!

1. Amicis ridentibus nauta iterum atque iterum eandem fabulam narravit. ....

2. Omnibus liberis e flumine servatis patres et matres deis gratias habebant. ....

3. Nonnullis comitibus amissis Ulixes insulam Polyphemi reliquit. ....

69 3 Bestimme in den Sätzen 1 und 3 der Übung 69.2 jeweils das GENUS VERBI der Partizipien!
Versuche, den Gliedsatz im Deutschen zur Verbesserung des Ausdrucks aktiv wiederzugeben! Welche Umwandlung muß erfolgen? (↗ GB 69.2.2)

69 4 König Sophites führt Alexander dem Großen seine Hunde vor

(Nach Curtius Rufus)

1. Magno leone quattuorque canibus nobilibus in consaeptum[1] emissis Sophites Alexandro vim eorum demonstravit. − 2. Nam canes a rege incitati vitae suae non pepercerunt bestiamque temptaverunt. − 3. Uni e servis circumstantibus vocato Sophites imperavit, ut crus[2] unius canis in leone haerentis[3] amputaret[4], quod ille non cessit. − 4. Cane adhuc in leone haerente servus aliam partem amputavit[4]. − 5. Postremo nihilominus[5] haerentem[3] occidit. − 6. Tanta vis illis canibus inest. − 7. Hac re cognita Alexander summa admiratione motus est.

[1]) consaeptum, -i: *Gehege, Umzäunung*   [2]) crus, -uris: *Schenkel, Bein*   [3]) haerēre (in): *(fest-)hängen (an)*
[4]) amputare: *abschneiden*   [5]) nihilominus *(Adv.)*: *nichtsdestoweniger*

69 5 Zusatzaufgaben zum Text in Übung 4:

1. Bestimme bei allen Partizipien, ob attributive oder prädikative Verwendung vorliegt! Schreibe in zwei getrennten Gruppen die attributiv bzw. die prädikativ verwendeten Partizipien heraus!

attributive Verwendung:	prädikative Verwendung:

2. Versuche bei den abl.abs., die passivischen Partizipien in eine aktivische Übersetzung umzuwandeln, wo dies vom Sinn her möglich ist (kryptoaktive Konstruktion, s. GB 69.2.1).

3. Gib für alle prädikativ verwendeten Partizipien die Sinnrichtung an und kontrolliere, ob Du diese bei der Übersetzung berücksichtigt hast!

1 Übersetze den folgenden Text! Suche dann alle adverbialen Bestimmungen im Text auf und unterstreiche sie! Unterscheide sie nach ihrer Art (Adverb, Kasusangabe im Ablativ, Präpositionalgefüge, Prädikativum) und ordne sie entsprechend!

Archimedes stirbt bei der Verteidigung von Syrakus *(Nach Livius)*

1. Romanis Syracusas[1] oppugnantibus imprimis Archimedes copias eorum machinis[2] suis prohibuit. – 2. Diu ille vir doctissimus variis modis Romanos a victoria arcuit. – 3. Marcellus urbe tandem expugnata militibus Romanis imperavit, ut omni modo capiti eius viri parcerent. – 4. Archimedes interea prope moenia animum in formas quasdam[3] intenderat, quas in arena scripserat.[4] – 5. Miles autem Romanus ac-cessit rogavitque, quisnam[5] esset. – 6. Archimedes hoc modo lacessitus acriter clamavit: „Ne perturbaveris circulos[6] meos!" – 7. Tum ille gladio eum necavit. – 8. Marcellus id non sine dolore audivisse dicitur.

---

[1]) Syracusae, -arum: *Syrakus (Stadt in Sizilien)*   [2]) máchina, -ae: *Maschine, Apparat*
[3]) quasdam *(Akk.Pl.Fem.)*: *gewisse*   [4]) scripsi *(Perf.)*: *ich habe geschrieben*
[5]) quisnam: *Übersetze* quis *und* nam!   [6]) circulus, -i: *Kreis*

Adverbien:	Ablative:	Präpositionalgefüge:	Prädikativum:
....	....	....	....
....	....	....	
....	....	....	
....	....		
....			

70 2 Übersetze den folgenden Text und versuche, die Stellen herauszufinden, an denen ein Gliedsatz oder ein Partizip in der Funktion einer **adverbialen Bestimmung** vorliegt!

Cicero findet das Grab des Archimedes   *(Nach Cicero, Tusc. 5, 64)*

1. Eo tempore, cum Archimedes iam centum quadraginta quinque annos mortuus erat, ego quaestor[1] in Sicilia fui. – 2. Cum in illum locum venissem, id non intendens sepulcrum[2] Archimedis indagavi[3]. – 3. Audiveram enim in schola[4] versus quosdam[5] in monumento Archimedis scriptos esse, quos memoriā tenebam. – 4. Ex iis versibus noveram in summo sepulcro[2] sphaeram[6] positam esse. – 5. Spectavi autem per illam regionem migrans sepulcrum[2] mirificum, ut erat scriptum in illis versibus[5]. – 6. Viā ad basim[7] per servos facta statim accessi. – 7. Litteras partim[8] deletas cognoscens intellexi me eos versus[5] indagavisse[3]. – 8. Ita clarissima Graeciae civitas monumentum illius viri nobilissimi ignorāvisset, nisi ego indagāvissem[3].

[1]) quaestor, -oris: *Quaestor (Finanzbeamter)*   [2]) sepulcrum, -i: *Grab*   [3]) indagare: *aufspüren*
[4]) schola, -ae: *Schule*   [5]) versus quosdam *(Akk.Pl.Mask.)*: *gewisse Verse*
[6]) sphaera, -ae: *Kugel, Astrolabium*   [7]) basis *(Akk. basim)*: *Grundstein, Grabplatte*   [8]) partim *(Adv.)*: *teilweise*

70 3 Im folgenden Kreuzworträtsel sind lateinische und deutsche Wörter, Formen und Namen zu finden und bei den entsprechenden Zahlen einzutragen.
Zur Erleichterung sind die Fragen nach lateinischen Wörtern und Formen in normaler Schrift, die nach deutschen Wörtern und Namen in Blockschrift gehalten.

Waagrecht:
1. eine unschöne Eigenschaft
9. Gedächtnis, Erinnerung
11. gib!
12. so
13. TEIL DES RACHENS
14. hüte dich!
16. gut (Adverb)
18. GEBRAUCHSGEGENSTAND
20. lateinische Vorsilbe
21. Ablativ zu „Los" — „Schicksal"
22. HELL AUFLEUCHTENDES FEUER
24. sie weinen
25. Wasser

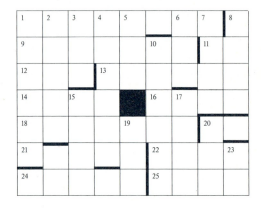

6. schon
7. ORT AM ROTEN MEER
8. bleibe!
10. Singular zum Namen eines Kirchensonntags
15. Vokativ zu „aufrichtig"
17. eine abgekürzte Beredsamkeit
19. EIN SATZ IM TENNIS
20. NAME EINES KRAFTWERKS AN DER ISAR
23. Nom. Sing. Fem. des Pronomens „dieser"

Senkrecht:
1. der Freund
2. er verbietet
3. liebe!
4. sie mögen fragen
5. der Zorn

Grammatische Grundschule

1 Ordne die folgenden Wörter, wie angegeben, in *drei Hauptgruppen* und trage sie in die vorgesehenen Spalten ein! Gib dann hinter den einzelnen Wörtern die *Wortarten* an! Siehe auch das Arbeitsbeispiel ▶

Garten — sitzen — zwei — nach — aber — ihr — heute — spielen — schauen — weil — kämpfen — Spiel — (der) Erste — erfreuen — unser — fragen — lange — denn — und — erwarten — schön — vor — frei — loben

Nomina (Namenwörter)	**Verba** (Zeitwörter)	**Partikeln** (Redeteilchen)
▶ *Haus* : *Substantiv*	*arbeiten* : *Verbum*	*unter* : *Präposition*
.... :	.... :	.... : ....
.... :	.... :	.... : ....
.... :	.... :	.... : ....
.... :	.... :	.... : ....
.... :	.... :	.... : ....
.... :	.... :	.... : ....
.... :	.... :	.... : ....
.... :	.... :	.... : ....

2 Welche *Wortarten* rechnet man zu den folgenden *Hauptgruppen?*

Nomina: **Verba:**   **Partikeln:**

3 Gib unter den folgenden Wörtern die *Wortart* an, zu der sie jeweils gehören! Alle Wörter einer Zeile gehören jeweils zur gleichen *Hauptgruppe*, welche Du am rechten Rand in die dafür vorgesehene Spalte eintragen sollst!

Tor	fleißig	wir	fünf	
....	....	....	....	.... (Hauptgruppe)
erfreuen	kämpfen	sein		
....	....	....		.... (Hauptgruppe)
mit	aber	plötzlich		
....	....	....		.... (Hauptgruppe)

II

1 Wenn wir ein Substantiv (oder ein anderes Nomen) **deklinieren,** ändern wir wenigstens **eines** seiner Bestimmungsstücke.

Welches der *drei Bestimmungsstücke* des Nomens [**Genus** (Geschlecht), **Kasus** (Fall), **Numerus** (Zahl)] hat sich bei den folgenden Substantiv-Paaren jeweils geändert?

    der Hund ⇒ die Hunde: ....

    der Hund ⇒ die Hündin: ....

    der Hund ⇒ des Hundes: ....

Gib hinter der lateinischen Bezeichnung in Klammern auch die deutsche an!

2 Wenn wir ein Verbum **konjugieren,** ändern wir wenigstens **eines** seiner Bestimmungsstücke.

Nachfolgend sind bei Verben solche Veränderungen vorgenommen. Welches der *fünf Bestimmungsstücke* des Verbums [**Person**, **Numerus** (Zahl), **Tempus** (Zeit), **Modus** (Aussageweise), **Genus** (Geschlecht: bei Verben Aktiv und Passiv)] hat sich bei den folgenden Verbpaaren jeweils geändert?

    ich gehe ⇒ du gehst: ....

    ich gehe ⇒ wir gehen: ....

    er kam ⇒ er käme: ....

    er lobt ⇒ er wird gelobt: ....

    er lobt ⇒ er hat gelobt: ....

Achte auf den Unterschied zwischen dem Genus der Nomina und dem der Verben (Aktiv und Passiv)!

3 Merke: Partikeln (Präpositionen — Konjunktionen — Adverbien) kann man **weder** deklinieren **noch** konjugieren

Unterstreiche bei folgenden Wörtern die *Partikeln!*
loben — fünf — zu — wegen — Trompete — damit — oft — euer — darunter — Katze — obwohl — wer — bedauern — bei — schön — gestern

III

1 Welche *Genera* (Geschlechter) des Nomens (des Namenworts) kennst Du?

....

2 Nenne die *Numeri* (die Zahlen) des Nomens (des Namenworts)!

....

3 Trage die Dir aus dem Deutschen bekannten *Kasus* (Fälle) des Nomens ein! (Jeweils lateinische und deutsche Bezeichnung!)

(1. Fall) ....

(2. Fall) ....

(3. Fall) ....

(4. Fall) ....

IV

1 Nenne die *Personen* des Verbums!

....

2 Nenne die *Numeri* (Zahlen) des Verbums!

....

3 Trage in die folgenden Spalten die *sechs Tempora* (Zeiten) des Verbums ein!

....

....

....

V Zusammenfassende Übungen zu I–IV

1 Bestimme folgende Nominalformen nach den *drei Bestimmungsstücken der Nomina!* Bedenke alle Möglichkeiten!

Form	Genus	Kasus	Numerus
den Mann	....	....	....
die Katze	....	....	....
		....	
dich	........./........	....	....
des Buches	....	....	....
die Kinder	....	....	....
		....	

2 Bestimme folgende Verbformen nach den *fünf Bestimmungsstücken des Verbums!*

Form	Person	Numerus	Tempus	Modus	Genus (Aktiv/Passiv)
ihr lacht	....	....	....	....	....
wir lobten	....	....	....	....	....
arbeite!	....	....	....	....	....
du wirst sein	....	....	....	....	....
er ist ermahnt worden	....	....	....	....	....
er käme	....	....	....	....	....

3 Links findest Du jeweils zwei Formen eines Substantivs! Rechts sind die Bestimmungsstücke des Nomens angegeben! Unterstreiche jeweils das *Bestimmungsstück*, welches sich von der ersten zur zweiten Form geändert hat (manchmal sind es auch zwei Bestimmungsstücke)!

der Diener ⇒ die Diener: Genus — Kasus — Numerus

der Freund ⇒ den Freund: Genus — Kasus — Numerus

der Freund ⇒ die Freundin: Genus — Kasus — Numerus

den Mann ⇒ den Männern: Genus — Kasus — Numerus
der Diener ⇒ der Dienerin: Genus — Kasus — Numerus
der Freund ⇒ die Freundinnen: Genus — Kasus — Numerus

4 Unterstreiche das *Bestimmungsstück*, welches sich, verglichen mit der ersten Form, jeweils geändert hat! (Es können auch mehrere sein!)

er geht ⇒ er ging:	Person / Numerus / Tempus / Modus / Genus
ich ging ⇒ er ging:	Person / Numerus / Tempus / Modus / Genus
du gehst ⇒ ihr geht:	Person / Numerus / Tempus / Modus / Genus
du gehst ⇒ geht!	Person / Numerus / Tempus / Modus / Genus
du lobst ⇒ du wirst loben:	Person / Numerus / Tempus / Modus / Genus
du lobst ⇒ du wirst gelobt:	Person / Numerus / Tempus / Modus / Genus
ich ging ⇒ ich ginge:	Person / Numerus / Tempus / Modus / Genus

I

1 Gib in der Zeile über dem nachfolgenden Satz die *Wortarten* und in der ersten Zeile darunter die *Satzglieder* an! In der zweiten Zeile unter dem Satz sollst Du eintragen, mit welcher *Frage* Du das jeweilige Satzglied gefunden hast!

Wortarten: ....
                  ↑   ↑   ↑
Beispielsatz: Marcus   fragt   Cornelia.
                  ↓   ↓   ↓
Satzglieder: ....
Fragen: ....

2 Wie lautet also die Frage nach dem *Prädikat* des Satzes? ....

Wie lautet die Frage nach dem *Subjekt* des Satzes? ....

Merke: Diese beiden Fragen sind immer zuerst zu stellen!

3 Wie *fragst* Du nach den gesperrt gedruckten Satzgliedern des folgenden Satzes? Gib in der Zeile unter den Fragen die jeweilige Benennung dieser *Satzglieder* an!

Wir übergeben

der Mutter   Peters   Mappe.
................?   ....?   ....?
....

95

VII 1 Gib bei den beiden folgenden Sätzen jeweils in der Zeile darüber die *Wortarten*, darunter die *Satzglieder* bzw. die *Fragen* nach diesen Satzgliedern an!

a) Wortarten: ....
  Der   tüchtige   Mann   arbeitet.

Satzglieder: ....

Fragen: ....? ....? ....?

b) Wortarten: ....
  Der Mann   ist   tüchtig.

Satzglieder: ....

Fragen: ....? ....? ....?

Wie hat sich die Funktion von *tüchtig* im zweiten Satz gegenüber der im ersten verändert? Wie ist dort das Prädikat gebildet?

2 Dreimal *fleißig!* Gib jeweils in der Leerzeile am Ende des Satzes an, welches Satzglied durch *fleißig* vertreten wird!

   a) Der *fleißige* Gärtner arbeitet ....

   b) Der Gärtner ist *fleißig*. ....

   c) Der Gärtner arbeitet *fleißig*. ....

In welchem der drei Sätze hat sich bei *fleißig* auch die Wortart geändert? ....

3 Welches Wort (Welche Wortart) dient in den folgenden Sätzen als *Prädikatsnomen*? Unterstreiche das betreffende Wort im Satz!

   a) Fichten und Tannen sind Nadelbäume. ....

   b) Dieses Buch ist das unsere. ....

   c) In diesem Lauf war Peter der dritte. ....

Merke: Alle Wortarten, die zu den *Nomina* gehören, können als Prädikats*nomen* verwendet werden!

finis delectat!

Lösungen zu Cursus Novus — Arbeitsheft I

(Unverkäufliche, einzeln nicht beziehbare Beilage)

In der Regel werden die Lösungswörter entsprechend dem Zeilenverlauf aufgeführt.

1. *(Reihenfolge willkürlich:)* 1. diu: lange — 2. subito: plötzlich — 3. ibi: dort — 4. hodie: heute — 5. ubi: wo — 6. sed: aber — 7. nunc: jetzt — 8. (et: und).

2.1 *(in dieser Reihenfolge:)* Adverbiale, Subjekte, Adverbiale, Prädikate.

2.2 tuba sonat, Syrus et Barbatus pugnant, populus clamat.

3.1 adversarii pugnant — portae patent — tuba sonat — populus clamat — ludi delectant — Cornelia tacet.

3.2 1. subito (nunc) — 2. Ubi — 3. hodie — 4. etiam — 5. Ecce!... iterum — 6. Nunc — 7. Non..., sed — 8. diu ... et.

3.3 1. -nt — 2. gaudet — 3. Adverbiale — 4. wer oder was? — 5. am Satzende — 6. tub|ae — 7. populus et ludi — 8. Ecce! Barbatus non pugnat. — 9. sedet — 10. (sta)nt.

4.1 Corneliam, amicam, Marcum, ludum/ludos, Ludi, populum, Corneliam, ludus.

4.2 sedet — sed = et.

4.3 populus ludos exspectat — amici Marcum salutant — tubae adversarios vocant — Claudius servos possidet — Cornelia hortum intrat.

5.1 *(Reihenfolge willkürlich:)* statis, villas, amicos, monstrare, subito, populi, intro, sedemus, etiam, iterum, possideo.

5.2 1. amicam — 2. Tabulas et statuas — 3. Barbatum — 4. servos et servas.

6.1 portam, fora!, filius, templum!, servae, amici, feminas, aurum!, monumenta!, tabulam.

6.2 1. sed: Konjunktion; quod: Subjunktion — 2. gaudere — 3. -mus — 4. (delecta)nt — 5. Subjekt — 6. filiae, donum — 7. wen oder was? — 8. gaudes, sto, video — 9. transitiv — 10. hortum: den Garten, gladios: die Schwerter, villam: die Villa, ludum: das Spiel.

7.1 *(z. B.:)* 1. magnum aedificium — 2. amicus maestus — 3. tot feminae — 4. multa dona — 5. pecunia necessaria — 6. ludus malus — 7. populi opulenti.

7.2 multi amici, maestus est, non video, rogare, tabulas non amat, respondere non potest.

8.1 1z) — 2x) — 3y) — 4w) — 5y) — 6y) — 7z) — 8y) — 9x) — 10z).

8.2 parvus — iniustus — laetus — malus — doctus.

9.1 *(z. B.:)* 1. tabulae amici — 2. scientia feminae — 3. hortus villae — 4. divitiae Romae — 5. forum Romae — 6. aedificia fori — 7. donum dei — 8. scientia tabularum — 9. servi amicorum — 10. dei Romae — 11. amicus donorum — 12. donum feminae — 13. divitiae feminarum — 14. amicus populi — 15. populus Romae.

9.2 *Substantive:* servam, monumento, theatra, feminae; *Adjektive:* fidi, multa, quot; *Verben:* potes, curo, narras, invitamus, enumerare; *Konjunktionen:* itaque, nam, autem; *Subjunktionen:* quod, dum.

10.1 monstrare, narrare, dare, enumerare, patere, portare, parare.

10.2 1. sedere — 2. pugnare — 3. gaudere — 4. iacere — 5. migrare.

10.3 1. Lydia ist Claudius' neue Freundin. — 2. Weil Claudius reich ist, erwartet sie oft große Geschenke. — 3. Wenn Claudius manchmal ein kleines Geschenk bringt, freut sich Lydia nicht. — 4. Sie lobt das Geschenk des Freundes nicht, sondern ist traurig und fragt: — 5. „Warum gibst du (deiner) Freundin nicht Gold und Silber? Du bist reich, du besitzt berühmte Standbilder der Götter und Göttinnen (von Göttern und ...)!" — 6. Darauf (erwidert) Claudius: „Du bist geldgierig (begierig nach G.), Lydia! Nicht mich, sondern meinen Reichtum liebst du! — 7. Eine wahre (echte) und treue Freundin bist du nicht; daher kannst du weggehen. — 8. Ich liebe dich nicht mehr (ich mag dich nicht mehr), denn ich bin nicht so dumm!"

10.4 1. Prädikatsnomen — 2. Neutrum — 3. amice fide — 4. (z. B.) ludus: die Schule, gladius: das Schwert, porta: das Tor. — 5. Attribut — 6. wem? — 7. templis: den Tempeln, servae: der Sklavin, horto: dem Garten, populis: den Völkern — 8. Apposition — 9. geldgierig — 10. porta, villa, templum, aedificium, theatrum, monumentum — vinum — aurum, argentum — servus, serva, medicus — statua, tabula, simulacrum, monumentum — iniustus, malus, ingratus, stultus, inimicus.

11.1 1. de — 2. cum ... in — 3. Sine ... in — 4. cum — 5. ex.

11.2 Akk., Abl., Abl., Dat., Vok. — Nom., Nom. — Nom., Nom., Abl., Dat., Gen., Akk., Akk.

11.3 Subjekt- oder Genitiv-Attribut.

12.1 Minerva ⇔ litterae, fabulam ⇔ narrare, Romani ⇔ populus, possidet ⇔ caret, amicus ⇔ inimicus, contumeliā ⇔ violare.

12.2 1d) – 2e) – 3g) – 4a) – 5c) – 6b) – 7f).

13.1 1. rogant – 2. curare – 3. servos – 4. stamus – 5. dum – MO(NU)MENTUM.

13.2 1. -o und -is – 2. des Objekts – 3. stark betont – 4. Mittel, Art und Weise, Grund und Trennung – 5. Marco pecunia non est. Tibi villae sunt. Claudio hortus et servi sunt. – 6. womit, wie, wodurch, weswegen, worüber, wovon – 7. nobis, vos, de nobis, vos, nos, vobis – 8. ex horto, e patria, ex auro, ex templo, e villa, ex Italia.

13.3 1. Wieder sitzt Claudius mit vielen Freunden im Garten seiner Villa. – 2. Sie diskutieren über das Schicksal der Sklaven, und Claudius meint: – 3. „Sklaven zu besitzen ist sicherlich nicht human (= menschlich), aber notwendig. – 4. Wo gibt es (= ist) ein Volk, das auf Sklaven verzichtet (= entbehrt)? – 5. Ich (betont!) kümmere mich um meine Sklaven mit großer Gewissenhaftigkeit, daher sind sie dankbar und zufrieden und gehorchen mir gern. – 6. Ich bin nicht böse, bin frei von Zorn, ich verletze (auch) die Sklaven nicht durch Beleidigungen, ich erfreue (sie) durch Wein..." – 7. Da meint Marcus: „Dich kann ich nicht tadeln, Freund; aber viele sind nicht so gütig (= gut) und gerecht wie du. – 8. Viele erfreut es, die Sklaven zu verspotten; viele schreien: ‚Wie viele Sklaven (du hast), so viele Feinde (hast du)!'" – 9. Und Epicharmus (stimmt zu): „Das Schicksal der Sklaven ist schlimm."

14.1 1. vino (Abl. instrumentalis) – 2. Amico (Dat. des Besitzers) – 3. subito (Adv.) – 4. Ego (Subjekt) amo (Prädikat) – 5. gladio (Abl. instrumentalis) – 6. templo (Abl. nach Präposition) – 7. Populo Romano (Dat. des Besitzers).

14.2 (z. B.:) liber, integros, pulchra – miser, miserae, libera – pulchris, integro, pulchram.

15.1 Pare, Es, Responde, Exspecta.

15.2 Pers.-Pron.: mihi, te, vos, vobis, me, tu, nobis, tibi, ego, nos; Poss.-Pron.: mei, tui, vestris, tua, nostro, meorum, tuum, nostros.

16.1 sedebo, agitabunt, clamabis, stabitis, gaudebimus, dubitabit, erunt, erit.

16.2 agri → agrorum → agros → agris → agro → ager → agri → agris.

17.1 (z. B.:) Cavete, nam amicos adiuvabo! – Te cum amicis tuis agitabimus. – Cur Graeculi in nostra caupona sedent? – Cuncti Graeculi stulti sunt! – Este quieti!

17.2 1. Person, Numerus, Tempus, Modus, Genus. – 2. integrorum, puerorum, liberorum, pulchrorum, agrorum, asperorum – 3. -b- – 4. este – 5. Wenn sie sich aus dem Sinn des Satzes als selbstverständlich ergeben. – 6. (z. B. cum, dum priusquam, ubi, quod, si, nisi) – 7. Contenta eris, Cornelia. – 8. properabunt, exspectabo – 9. Er bezeichnet hier die Trennung. – 10. Claudio magnae divitiae sunt.

17.3 1. Bald werden Cornelia und Marcus ihren Freund Claudius wieder in seiner schönen Villa besuchen. – 2. Sicher wird Claudius neue Gemälde zeigen, und alle werden froh sein. – Vielleicht wird Cornelia ihren Freund bitten: „Zeige uns heute den Minotaurus, denn ich werde mich nicht mehr ängstigen!" – 4. Und Marcus (meint): „Schau, meine Cornelia ist nicht mehr ängstlich – und sie ist nicht böse." – 5. Claudius aber (sagt) nicht ohne Stichelei: „Gut kannst du deine Freundin erziehen, Marcus, da du keine Kinder hast..." – 6. Darauf (entgegnet) Marcus: „Unsere Kinder wirst du erziehen! Du bist nicht böse und du hast einen großen Garten!" – 7. Aber Claudius gibt zurück: „Du erschreckst mich, Marcus. Wie viele Kinder werdet ihr (denn) haben?"

18.1 1. amabat – 2. erant – 3. habitabant – 4. tacebat – 5. vocabant – 6. putabant – 7. monstrabat.

18.2 erat, dabat, aedificant, videmus, narrabat, est, clamabat, habebo / mihi erit, eris / eritis.

19.1 1. amabant – 2. necavit – 3. invitavit – 4. curabant – 5. narravit – 6. salutaverunt – 7. occupaverunt – 8. placebant.

19.2 a) LITTERIS GRAECIS ET ROMANIS
b) CAVETE BESTIAS

20.1

	-v-istis
	-v-erunt
	-v-i
habita	---s
clama	-ba-m
exspecta	-ba-s
imple	-b-unt
	-b-o
	-b-is
imple	---o
er	-a-m
	-a-s
	---unt
	---o
	---is
fu	---istis
	---erunt
	---i

20.2 FIDUS ERO, SUM, FUI

20.3 1. violavit – 2. accusavi – 3. fuit – 4. spectavisti – 5. monstravit – 6. vituperavit.

21.1 1. datis – 2. invitati – 3. necati – 4. vastata – 5. monstratis – 6. aedificata.

21.2 1. ubique: überall, hic: hier, mox: bald, interdum: manchmal, diu: lange, saepe: oft, subito: plötzlich, libenter: gerne, iterum: wieder − 2. cum: mit, ex: aus, sine: ohne − 3. etiam: auch, tamen: dennoch, itaque: daher − 4. quod: weil, dum, während.

22.1 exspectaverunt, implevisti, monui, sonuit, obtinuistis, putavit, tacuimus, spectavi, docuerunt, patuit, salutavi, fui, studuerunt, narravit, delectavit, caruistis.

22.2 aurum et argentum, viri et feminae, bonus et pulcher, hortus et villa, sapientia et modestia, templum et simulacrum, superbia et luxuria.

22.3 1w) − 2x) − 3z) − 4y) − 5y) − 6y) − 7z) − 8x) − 9z) − 10x).

23.1 1. contra − 2. in − 3. apud − 4. ante − 5. ad − 6. ... post ... apud − 7. propter − 8. prope.

23.2 1. foro − 2. forum − 3. horto − 4. hortum − 5. patriam suam − 6. caupona nostra.

23.3 1h) − 2a) − 3e) − 4f) − 5c) − 6d) − 7b) − 8g).

23.4 I. Ca) − Bb) − Ac) − Bd) − De) − Bf).

II. Sine ⇔ cum, parere ⇔ imperare, iustus ⇔ iniustus, malus ⇔ bonus, possidere ⇔ carere, laetus ⇔ maestus, amicus ⇔ inimicus, magnus ⇔ parvus, vituperare ⇔ laudare.

III. fuistis, tacuerunt, placuit, migravi, implevimus, regnavit, imperavisti, fuimus.

IV. Claudius mult-os amic-os in vill-am pulchr-am invita-re potest. Graec-i Pers-as magn-a pugn-a superav-erunt.

V. 1. „Immer wieder habe ich euch gewarnt", tadelte Marcus Porcius das römische Volk, „aber ihr habt keinen Verstand. 2. Wer kann (es) ertragen, in einer von den Griechen besetzten Stadt zu wohnen? 3. Was gelten bei euch (noch) Bescheidenheit und Zucht? 4. Schon haben Habsucht und Üppigkeit viele bezwungen. 5. Nach vielen Siegen des römischen Volkes können nun (seine) Feinde jubeln: sie haben euch ihre Laster gelehrt!"

VI. Vita servorum misera erat. Vita avaritiam et superbiam!

24.1 (Silbenrätsel:) 1. saeculum − 2. ibi − 3. monitus − 4. ubique − 5. liber − 6. aedificium − 7. cui − 8. -re − 9. -u- − 10. magnus. Lösung: simulacrum.

24.2 Tibi adsum. − Amicis adestis. − Servi domino aderant. − Vobis aderimus. − Ades mihi! − Filii tibi aderunt.

24.3 prosum, ades, obsunt, prodest, prosumus, potestis, possumus, abest.

25.1 1. Die Griechen glaubten, daß die Römer Barbaren seien. − 2. Sie bestritten, daß die Römer gerecht und human seien. − 3. Sie sahen, daß die Römer Tempel plünderten (und) Städte verwüsteten. − 4. Es ist bekannt, daß Habsucht und Üppigkeit schlimme Laster sind. − 5. Daß Bescheidenheit und Klugheit den Völkern nützen, ist offensichtlich. − 6. Wer weiß nicht, daß hochmütige Menschen (= Männer) oft die notwendige Einsicht vermissen lassen (die E. entbehren)?

25.2 a) Prädikatsnomen. − b) AcI. − c) Attribut.

25.3 1d, 2e, 3b, 4a, 5c

26.1 1. consulem Romanum − 2. consule Romano − 3. consuli Romano − 4. consulis Romani − 5. consul Romanus.

26.2 „oppidum": porta, villa, aedificia, templum, via, colonia, forum, monumentum, theatrum, commercium, aedificare, habitare, occupare.

27.1 ducum, victorum, regum, consulum, comitum, virorum, filiorum, honorum, puerorum, militum, agrorum, bellorum.

27.2 (z. B.:) Motor, Generator, Direktor, Agitator, Traktor ... eine regelmäßig ausgeübte Tätigkeit.

28.1 1. Oppidum a victore occupatum est. − 2. Comites a duce servati sunt. − 3. Servi a Claudio vocati sunt. − 4. Romani a Marco Porcio moniti sunt. − 5. Claudius ab amicis rogatus est. − 6. Dono a te delectatus sum. − 7. A me exspectata es, Cornelia.

28.2 ... in Kasus, Numerus und Genus.

28.3 seni misero → senibus miseris → senes miseri → senes miseros → senem miserum → sene misero → senem miserum → senex miser → senis miseri → senum miserorum → senibus miseris.

29.1 1. occupavisse / occupatam esse − 2. spoliata esse / spoliavisse − 3. transportatos esse, fuisse − 4. amatos esse − 5. putavisse.

29.2 1. PPP + esse − 2. nein − 3. nach dem Subjekt des Satzes − 4. ad, ante, prope, propter, post, apud (dazu noch: contra, in) − 5. et, atque (ac), -que − 6. Consul Romanus ab Hannibale superatus est. − 7. comitis, morum, ducum, militis, patrum, fratris, pulchri, liberi, senis, necis, consulum − 8. wann? − 9. Maskulinum − 10. ... die des Prädikatsnomens − 11. cui − 12. durch Partizip, durch sinngleiches Adjektiv, durch einen Relativsatz − 13. implere − 14. ... die des Attributs − 15. wohin?/wo? − 16. Der AcI ist hier Objekt − 17. Constat Romanos dominos severos fuisse. − 18. obsum, offuisti, oberit, oberant − 19. mit dem Dativ − 20. Cato putavit Poenos adversarios periculosos Romanorum esse. − 21. Objekt - Subjekt.

30.1 (Siehe Grammatisches Beiheft!)

30.2 in villam, ante villam, ad / prope portam. Prope templum, apud Claudium, cum amicis, in scamno.

31.1 -is, -i, -e, -um, -ibus.

31.2 agminibus, corporis, multitudinem, honores, morum, comitem. – ducis, duces; multitudo, multitudine; corpus, corpus.

32.1 *(Probeschularbeit)*
1. Eine große Menschenmenge füllte die Straßen Roms und besonders das Forum, nachdem Kaiser Trajan ein Triumph zuerkannt worden war. – 2. Der Staat (die Bürgerschaft) war außer sich vor Freude (jubelte) über die herrlichen Siege, und alle unterhielten sich über die Schwierigkeiten des Krieges, über die Tapferkeit der Legionen und die Energie (Tüchtigkeit) des Heerführers. – 3. Offensichtlich erwartete (Es ist offensichtlich, daß ...) auch unser (Freund) Marcus mit einigen Kameraden (Begleitern) den Sieger. – 4. Schon erklangen die Lieder der Soldaten, schon betrat die Vorhut (die Spitze des Zuges) das Forum. – 5. „Schaut!" ruft Marcus, „seht ihr, daß von den Soldaten im Krieg große Beute erworben wurde? *(freiere Übersetzung:* im Krieg reiche Beute gemacht haben)?" – 6. Und Cornelius meint: „Es ist bekannt, daß die Daker Gold und Silber (her)geben mußten (gaben), aber trotzdem waren die Friedensbedingungen gerecht. Die Daker werden uns nicht mehr schaden." – 7. „Aufgepaßt (gebt acht, seid aufmerksam): Ich sehe den Kaiser! Hoch, Trajan! – Viele Unglücksfälle (Rückschläge) hast du überwunden, oft hast du den Soldaten in Gefahren geholfen – aber nun werden wir uns an Frieden und Freizeit freuen!" – 8. Später sagt Marcus „Lange genug haben wir zugesehen und geschrien. Was (machen wir), wenn unser Stammtisch schon von anderen besetzt ist?"

32.2 1. mores – 2. aurum – 3. gaude – 4. nomen – 5. annus – 6. miser – 7. ubi es – 8. ludus – 9. tacet – 10. iacet – 11. tamen – 12. ubique – 13. dedit – 14. omina – 15. horti – 16. otium – 17. manet – 18. inter – 19. negat – 20. ubi es – 21. malus; MAGNA MULTITUDO HOMINUM.

33.1 eo, Ei *(auch:* Eius), Is, eum, eius.

33.2 1. bei Namen von Städten oder kleinen Inseln – 2. potuistis, afuimus, affuerunt – 3. -us, -us – 4. Neutrum – 5. multitudines, corpora, matrum, virtutes, difficultates, opera – 6. Adverbiale der Zeit – 7. dedi, dedistis, dederunt, stetisti – 8. Indikativ Präsens – 9. (Constat) Graecos scientiae cupidos esse. (Constat) eos semper litteris studuisse. (Constat) templa clara a Graecis aedificata esse. – 10. eius, eorum, ei, eo, eo, ea – 11. senis – 12. Prädikatsnomen – Attribut.

34.1 libertas ⇔ servitus, rogare ⇔ respondere, vituperare ⇔ laudare, pax ⇔ bellum, necare ⇔ nex, deus ⇔ homo.

34.2 intraverant, steteramus, affueras, profuerat, coercueratis, afuerant, dederam, monueras.

35.1 1. erraverat – 2. suum – 3. ei – 4. heres, migravit – 5. eius – 6. aspera.

35.2 se, eas, se sibi.

36.1 iste, istos, istud, istius, isti, istis.

36.2 mōvit: mŏvet – iūvi: iŭvo – sēderunt: sĕdent – cāvisti: căves – vīdimus: vĭdemus – adiūvistis: adiŭvatis.

37.1 1. eius, eo, eae, ei, eis (iis) – 2. monuerant / moniti (-ae/-a) erant – 3. Romam, Syracusas, in Graeciam – 4. mit Dehnung des Stammvokals – 5. Mask. Nom. Pl.; Mask. / Fem. / Neutr. Dat. Pl.; Mask. / Fem. / Neutr. Abl. Pl. – 6. eius, eorum, suos, earum, suas, sui. – 7. Personal-Pronomen der 3. Person – 8. diese da (verächtlich) – 9. a) eius – b) eius (eorum / earum).

37.2 I. S.: Wie hast du dich von deinem Vater entfernt (Wie hast du ... verloren)?
M.: Nachdem ich mit ihm nach Tarent gesegelt war, sah ich ihn wegen der großen Menschenmenge plötzlich nicht mehr.
S.: Hast du nicht seinen Namen gerufen?
M.: Gewiß, Bruder, aber vergebens!
Traurig saß ich auf der Straße;
da rührte mein Schmerz einen alten Mann.
Dieser war ein wohlhabender Kaufmann.
Er hat mir eine neue Heimat gegeben;
daher bin ich ihm dankbar.

II. eam, ea, ei.

III. eius, sua, eius, eius, sua.

IV. 1. A sene bene educatus sum. – 2. Senex me bene educaverat. – 3. A sene bene educatus eram. – 4. Senex me bene educabit.

V. 1. sine legione, sine legionibus – 2. propter discrimen, propter discrimina – 3. de virtute, de virtutibus – 4. inter custodes.

38.1 *(Zeilenweise von links nach rechts)*
Aktiv, Aktiv, Passiv, Passiv, Passiv, Aktiv, Aktiv, Passiv, Aktiv, Aktiv.

38.2 a) „werden" und PPP – b) „werden" und Infinitiv Präsens Aktiv.

38.3 1. Liberi a patre educantur. – 2. A quo adiuvaris? – 3. Fortitudine fratris servati estis. – 4. A sene misero rogamini. – 5. Dei pietate moventur.

39.1 appellabo, appellor, appellatus sum; admonebitis, admonemini, admoniti estis; liberabunt, liberantur, liberati sunt; agitabis, agitaris, agitatus es; fugabimus, fugamur, fugati sumus; implebunt, implentur, impleti sunt.

39.2 monstrare, monstrari; occupare, occupari; movere, moveri; spoliare, spoliari; tolerare, tolerari; videre, videri.

39.3 fugaris, laudabimini, coerceberis, irridebuntur, implebatur, sustinebantur, terrentur, tenebimini.

40 (Übersetzungsübung)
C.: „Schau! Dies(e) ist eine Statue des Theseus, jene eine des Hercules!"
M.: „Sicher jenes (berühmten) Hercules, der die Menschen von vielen fürchterlichen (Un-)Tieren befreite."
C.: „Genau den (denselben) Hercules siehst du, Marcus. Vielleicht aber weißt du nicht, daß man diesen Hercules und jenen Theseus (miteinander) vergleichen kann (daß ... verglichen werden können)?"
M.: „Es ist bekannt, daß sowohl von diesem wie von jenem viele gefährliche Gegner bezwungen wurden; es ist offensichtlich, daß die Kraft von diesem wie von jenem groß war."
C.: „Du irrst dich nicht, Marcus. Sicher erinnerst du dich (auch), daß diese Männer sogar in den Orcus vordrangen."
M.: „Ich erinnere mich, daß von jenem Hercules der Höllenhund selbst aus dem Orcus getragen wurde – aber das Schicksal des Theseus da kenne ich nicht."
C.: „Sein Schicksal war nicht dasselbe wie (das) des Hercules; denn die Götter der Unterwelt hielten ihn (fest). Daher saß er im Orcus, wartete und verzweifelte ..."
M.: „Von wem wurde er schließlich befreit?"
C.: „Von Hercules (natürlich), was fragst du?"

41-42.1 illa gens → illius gentis → illarum gentium → illas gentes → illis gentibus → illa gente → illa gens; **hic vates** → hunc vatem → hos vates → horum vatium → huius vatis → hoc vate → hic vates; **iuvenis et senex** → iuvenes et senes → iuvenum et senum → iuvenes et senes → iuvenem et senem → iuvenis et senis → iuvenis et senex.

41-42.2 unter einem harten Schicksal leiden – die Schicksale der Menschen genau kennen – das Völkerrecht verletzen – aus edlem Geschlecht stammen – bei Nacht losmarschiert sein – einen jungen Mann für gelehrt halten – die Ungeheuer und Flammen des Orcus nicht fürchten – mit einer großen Flotte durchs Meer segeln – den Sinn der Menschen für sich gewinnen – Hüte dich vor dem Hund! – die Sibylla für eine gute Seherin halten – sich neue Wohnsitze verschaffen – wie Vergil sagt – die Gallier gegen die Römer zu den Waffen rufen.

41-42.3 1. huius corporis, hoc corpore, haec corpora. – 2. illi homini, illorum hominum, illo homine. – 3. (z. B.:) vates: der Priester / die Priesterin; dux: der Führer / die Führerin – 4. Femininum – 5. Fem., Fem., Mask., Mask. – 6. das Näherstehende, das weiter Entfernte – 7. sedes, iuvenis, canis. – 8. Mit IS wird ein schon Erwähnter bezeichnet. – 9. geändert werden, sich ändern. – 10. Wortstock auf zwei Konsonanten, Wortstock auf einen Konsonanten.

42.1 1. Quod.... – 2. Quem......... – 3. Qua...... – 4. Cuius..... – 5. Quis..... – 6. A quo...... – 7. Quo..... – 8. Qui.....

42.2
familia	avus	comes
frater	gens	socius
pater	hospes	amicus
mater	geminus	inimicus
filius	heres	amica

42.3 eine mit festen Mauern umgebene Burg – den ganzen Weg mit Feuerbränden erhellen – die Taten mit schönen Worten erläutern – mit großem Geschrei auf die Schläge warten – Ströme von Blut – durch ein fürchterliches Verbrechen erschreckt werden – Gott allein sei Ehre! – mit heller/deutlicher Stimme die ganze Legion ansprechen – die Truppen über einen breiten Fluß schaffen.

43-44.1 (Bildbeschreibung)
1. Mare immane tempestate agitatur.
2. Venti acres homines vi terrent.
3. Homines miseri/mortales timore vexantur.
4. Nonnulli viri caelestes implorant.
5. Pericula formidulosa viris ubique imminent.
6. Domini prudentes cursum semper tenent.
7. Litus peregrinum non sine terrore spectatur.
8. Viri fortes semper beati erunt.

43-44.2 **classis celeris** → classis celeris → classium celerium → classibus celeribus → classi celeri → classe celeri → classibus celeribus → classes celeres → classis celeris.
saxum acre → saxa acria → saxorum acrium → saxis acribus → saxo acri → saxi acris.

43-44.3 labores graves sustinere – voce acri vinum postulare – facta turpia consuli soli nuntiare – ferrum grave apportare – parvum animal rostro lacerare.

43-44.4 Templa, quae spectavimus, pulchra erant. (Templum, quod spectavimus, pulchrum erat). Horti, quos spectavimus, pulchri erant. (Hortus, quem spectavimus, pulcher erat). Gemmae, quas spectavimus, pulchrae erant. (Gemma, quam spectavimus, pulchra erat.)

43-44.5 durch eine furchtbare Nachricht erschreckt worden sein – das teure (geliebte) Vaterland verlassen haben – ein Land mit Feuer und Schwert verwüsten – milde und kluge Könige mit dankbaren Worten loben – zu den Wohnsitzen der glücklichen Seelen gekommen sein (Aeneas!) – guter Eigenschaften/erfreulicher Kunstfertigkeit nicht entbehren – von ungeheurer Furcht gequält werden – die Gefahren mit tapferem Sinn ertragen – von den Göttern unterstützt werden – durch göttliche Macht gerettet werden – Schreckliches ertragen – von dort gekommen sein.

43-44.6 1z) – 2y) – 3y) – 4y) – 5w)

45.1 DUCIS: 2. Person, Singular, Präsens, Indikativ, Aktiv; du führst – DUCEBAMUR: 1. Person, Plural, Imperfekt, Indikativ, Passiv; wir wurden geführt – DUCITE: 2. Person, Plural, Präsens, Imperativ, Aktiv; führt! – DUCUNTUR: 3. Person, Plural, Präsens, Indikativ, Passiv; sie werden geführt – DUCERIS: 2. Person, Singular, Präsens, Indikativ, Passiv; du wirst geführt – DUC: 2. Person, Singular, Präsens, Imperativ, Aktiv; führe! – DUCOR: 1. Person, Singular, Präsens, Indikativ, Passiv; ich werde geführt.

45.2 *Zu unterstreichen:* carpere, cernere, plaudere, ducere, dicere, agnoscere.

45.3 scelera crudelia stupere – fame acri vexari – faucibus terribilibus Orci terreri – culpa vacare/vacuum esse – hortum saxis circumdare.

46.1 Du hast die Begleiter wohlbehalten zurückgelassen. – Es ist bekannt, daß Odysseus traurig durch die Meere getrieben wurde. – Du bist als erster vom Vater ins Theater geführt worden. – Er zeigte sich selten.
Die fettgedruckten Wörter sind PRÄDIKATIVE.

46.2¹

von DUCERE:	von DUX:	von beiden ableitbar:
ducam	ducibus	ducis
ducetis	ducem	duci
ducar	dux	duces
duc		

46.2² PONETUR: er wird gesetzt werden – CEDENT: sie werden weichen – DEPONENT: sie werden ablegen – AGĒRIS: du wirst getrieben werden – PETEMUS: wir werden zu erreichen suchen – OSTENDAM: ich werde zeigen – QUIESCETIS: ihr werdet ruhen.

46.3 1. Multae gentes illius temporis auctoritati Romanorum cedebant. – 2. Sed Helvetii ab Orgetorige moniti novas sedes quaesiverunt. – 3. Postea diu cum copiis Romanis contenderunt et a Caesare victi sunt. – 4. Postremo illa gens arma posuit. – 5. Nonnulli ad Rhenum flumen contenderunt. – 6. Dux Helvetiorum pacem petivit. – 7. Diu per multas regiones acta illa gens tandem quievit. – 8. Rari tantum se ostendebant. – 9. Haeduorum autem timor victoria Caesaris posita erat. – 10. Cernebant enim se illo periculo liberatos esse.

46.4 UT (mit Indikativ): wie – SERO: spät – INDE: von da, von dort – QUANDO: wann

47.1 petiverunt – quaesiti sumus – aluistis – incoluisse – desiero – depositum erit – geniti sunt – positum esse – quaesivi – quievisti.

47.2 Über die Götter der Germanen
1. Die Germanen verehrten vor allem den Merkur. – 2. Ihm opferten sie auch/sogar Menschen. – 3. Sie waren nämlich der Meinung, daß die übrigen Götter dem Merkur (an Rang) nachstünden. – 4. Für den Hercules und für Mars setzten die Germanen als Opfer Tiere aller Arten fest. – 5. Es ist bekannt, daß die Germanen niemals mit ihren Gegnern kämpften, wenn sie nicht (vorher) die Götter befragt hatten. – 6. Sie befragten und verehrten aber ihre Götter insbesondere in Wäldern/Hainen. – 7. Dort legten sie Geschenke für die Götter nieder; sie ließen nicht ab, dort um deren Hilfe nachzusuchen.

47.3

divitiae	arma	insidiae
litterae	auxilia	loca
copiae	mores	fauces
	moenia	vires

48.1 *Übersetzung:* 1. Bekanntlich streben viele Menschen nur ihre eigenen Vorteile an. – 2. Schriftsteller erzählen, daß einmal ein Kaufmann der Frau eines Kaisers falsche Edelsteine verkauft (gegeben) habe. – 3. Aus diesem Grund sei der Kaiser gereizt, der Kaufmann aber von den herbeigerufenen Wachen festgenommen worden. – 4. Es ist bekannt, daß der Richter gegen jenen schändlichen Menschen eine Untersuchung anstellte und ihn wegen dieses Verbrechens anklagte. – 5. Wir (können) erkennen, daß auch heute noch viele Menschen nur für sich selbst sorgen/nur an sich selbst denken.

Zu unterstreichen: ROT: dedisse, lacessitum/capessitum esse, inquisivisse, accusavisse;
GRÜN: appetere, consulere, providere

48.2

appetitum esse	appetivisse	appeti
adiutum esse	adiuvisse	adiuvari
capessitum esse	capessivisse	capessi
monitum esse	monuisse	moneri
lacessitum esse	lacessivisse	lacessi
– –	profuisse	– –
consuetum esse	consuevisse	– –
obtentum esse	obtinuisse	obtineri
inquisitum esse	inquisivisse	inquiri
depositum esse	deposuisse	deponi
petitum esse	petivisse	peti

48.3 nur seinen eigenen Vorteil suchen – Falsches melden – die Worte des Sehers für großartig halten – das Haus und den Garten mit Statuen ausschmücken – sich an Strapazen gewöhnt haben – Edelsteine vom Händler gekauft haben.

49-51.1 1. Wenn du nicht so streng wärest, würde ich dir gerne gehorchen. – 2. Ich würde meine dummen Streiche nicht verheimlichen. – 3. Gerne würde ich in die Schule gehen. – 4. Mein Leben wäre nicht bitter und elend, sondern glücklich.

49-51.2 1. Wenn du die Hilfstruppen an den Platz geführt hättest, wo wir kämpften, wären wir nicht besiegt worden. – 2. Wenn du selbst mich mit deinen Truppen unterstützt hättest, wären die Gegner von unseren Truppen verjagt worden. – 3. Wenn ich nicht die Soldaten von diesem Platz weggebracht hätte, wären sie alle getötet worden. – 4. Auch du hättest dasselbe getan/genauso gehandelt, wenn du die Körper so vieler Verwundeter gesehen hättest.

49-51.3 1w) – 2z) – 3x) – 4x) – 5w) – 6y) – 7x) – 8y) – 9z) – 10w) – 11y) – 12w) – 13x) – 14x) – 15z) – 16z) – 17y)

49-51.5 leo vivus arenam reliquit – amicos bonos sibi eligere – cras signa movebimus – in insidias prae-

cipitari – hominem capessitum in carcerem ducere – omnes partes imprimis communia agere debent – pro salute patris deos orare atque obsecrare – capite velato misericordiam domini implorare.
Übersetzung: der Löwe verließ die Arena lebend – sich gute Freunde auswählen – in einen Hinterhalt fallen – morgen werden wir aufbrechen – den Festgenommenen in den Kerker führen – alle Parteien müssen vor allem die Interessen der Allgemeinheit vertreten – für die Rettung des Vaters die Götter bitten und beschwören – mit verhülltem Haupt das Mitleid des Herrn anflehen.

52.1 *Verben:* monere, docere, vituperare, educare, laudare, parere, coercere; *Adjektive:* doctus, notus, stultus, falsus, quietus; *Substantive:* scientia, ludus, sapientia, philosophia, lingua, littera, diligentia.

52.2 sumo – sumpsi – sumpsero – sumpseris – sumes – sumet – sumetur – sumptus erit – sumptus est – sumitur – sumit – sumpsit – sumpserit.

52.3 die Stimmen/das Urteil der Senatoren gekauft haben – von einer Reise zurückgekehrt sein – viele Monate hindurch in einem fremden Land gewesen sein – einen Becher hervorholen – aufs hohe Meer segeln – auf einem hohen Berg ein Haus bauen (hinstellen) – den Becher mit der rechten Hand halten – von den Strapazen verbraucht/aufgearbeitet sein – die „Sippe" der Matrosen verachten – an den berühmten Spielen teilgenommen haben – sich Zeit nehmen – eine Reise von einem Monat (Dauer).

52.4 equos telis ab horto arcere – gratia et opibus multum valere – verbis supplicibus libenter ignovisse – in summo periculo ultima audere – foedera numquam violare – corpus vexatum postridie recreare – opera scriptorum memoriae tradere – gaudio vehementi motum esse.

Übersetzung: die Pferde mit Wurfgeschossen vom Garten abhalten – durch Ansehen und Vermögen viel erreichen können – den flehenden Worten gerne Verzeihung gewährt haben – in höchster Gefahr das Äußerste wagen – Verträge niemals verletzen – den geschundenen Körper tags darauf erholen – die Werke der Schriftsteller überliefern – von heftiger Freude bewegt sein.

53–54.1 1y) – 2y) – 3w) – 4y) – 5z) – 6z) – 7z) – 8z) – 9y) – 10y) – 11z) – 12z) – 13y) – 14z) – 15z) – 16w) – 17y) – 18y) – 19x)

53–54.2 Zeit verstreichen lassen – den Hunger stillen – durch die schrecklichen Wellen nicht in Angst geraten sein – beim ersten Morgengrauen den Kampf liefern – den Mut sinken lassen – die Segel setzen – dem Freund Geld anvertrauen – die übrigen nicht in den Garten hinzukommen lassen – ein schöneres Tier als die anderen – verlorenes Geld – eine Gelegenheit vorübergehen lassen.

55.1 decedere e patria – permittere amicis cuncta – discedere in multas regiones – praetermittere occasionem – succedere regi mortuo – recedere in oppidum firmum – incedere capite superbo – promittere amicis auxilium.
Übersetzung: aus der Heimat weggehen – den Freunden alles erlauben – in viele Gegenden auseinandergehen – eine Gelegenheit vorübergehen lassen – dem verstorbenen König nachfolgen – sich in eine starke Festung zurückziehen – mit stolzem Haupt einhergehen – den Freunden Hilfe versprechen.

55.2

Substantive:	Adjektive:	Verben:
littera	doctus	delectare
eloquentia	callidus	disputare
fabula	ignotus	enumerare
iocus	notus	narrare
lingua	varius	respondere
memoria		celebrare
sententia		negare
poeta		irridere
auctor		placere
carmen		ignorare
nomen		affirmare
opus		dicere
verbum		comparare

Ordnung: littera, eloquentia, fabula, lingua, memoria, poeta → ā-Dekl.; iocus, verbum → o-Dekl.; auctor, carmen, nomen, opus → Konson. Dekl.; respondere, irridere, placere → ē-Konjugation; dicere → Konsonantische Konjugation; alle übrigen → ā-Konjugation
Wortpaare: auctor doctus, verba ridicula, fabula nota, variae sententiae, iocus callidus, poetae ignoti, opera mirifica

55.3 QUIA: weil – CUM (mit Konj.): als nachdem – ITA: so – CRAS: morgen – UT (mit Konj.): daß, damit – QUAM (beim Komparativ): als – POSTRIDIE: am folgenden Tag – NE (mit Konj.): damit nicht.

56.1 **mulierem pauperem** → muliere paupere → mulieres pauperes → mulierum pauperum; **nomen vetus** → nomine vetere → nomina vetera → nominum veterum; **civitatem divitem** → civitate divite → civitates divites → civitatum divitum; **militem veterem** → milite vetere → milites veteres → militum veterum; **aedificium pauper** → aedificio paupere → aedificia paupera → aedificiorum pauperum.

56.2 paupere, pauperum, pauperes, pauperes; vetera, vetere, veterum, vetera, divite, divitum, divitum, divitem.

56.3 1 ablativus modi – ablativus causae – ablativus instrumentalis.

56.3 2 Konjunktiv/Irrealis der Vergangenheit – Konjunktiv/Irrealis der Gegenwart bzw. im Hauptsatz der Vergangenheit.

56.3 3 Apposition, Prädikatsnomen.

56.4 den angenehmen Stimmen Gehör schenken (zuhören) – vor einer alten Stadt haltmachen – die Seeleute aufhetzen (den Sinn anstacheln) – sicher vor einer Gefahr – vom Kampf ablassen – einen reichen Menschen beneiden – auf Dir ruht das Heil / die Rettung aller – keine Gelegenheit vorübergehen lassen.

57.1 animalia misera sitim tolerantia – facinus atrox a domino vindicatum – socius fidus adversarium temptantem arcens – arx alta moenibus firmis circumdata – animalia ingentia liberos spectantes perturbantia – tuba iterum atque iterum sonans.

57.2 (↗ *Grammatisches Beiheft 57.GI!)*

57.3 ... animalia diu ..... **moventia** – homines **accedentes** temptabant. – ab hominibus **circumdata** medias in undas .... – Ne liberis suis quidem **accedentibus** veniam dabant.

57.4 1. Der Schriftsteller Plinius erzählt in einem bestimmten Brief etwa folgende Geschichte: – 2. In Afrika gibt es eine gewisse am Meer gelegene Siedlung. – 3. Dort sah ich oft Knaben nahe der Küste, andere sogar ins hohe Meer hinaus schwimmen. – 4. Jene Knaben erzählten, sie hätten einen Delphin beobachtet, der an sie herangeschwommen sei. – 5. Der Delphin duldete lange Zeit die fröhlichen Kinder, die in seiner Nähe schwammen. – 6. Die Knaben aber hatten bald ihre Freude an dem Tier, das sie begleitete. – 7. Ein (ganz bestimmter) Knabe bewegte (näherte) seinen Körper sogar (ganz) an das Tier heran (schwamm an ... heran). – 8. Die Kühnheit der Kinder wuchs von Tag zu Tag; denn der Delphin zog sich (zwar) nachts aufs hohe Meer zurück, kam aber untertags wieder zur Küste.

57.5 Zusatzaufgaben:
1. laetos – natantes – accedentem – natantes.
2. GB 57 G2.

58.1 1. Bald fürchteten weder die Jungen das Tier noch der Delphin die ihn begleitenden Kinder. – 2. Gerne hörte er sie schreien; er hielt sie nicht ab, rings um ihn zu schwimmen. – 3. Jenen besonders kühnen Buben ließ er sogar auf seinem Rücken Platz nehmen und trug ihn, dort sitzend, durchs Meer. – 4. Als törichte Menschen das Tier sogar ans Ufer herauszogen, wich es vor Furcht oder Zorn bewegt aufs hohe Meer zurück. – 5. Es ließ die Jungen, die das willkommene Spiel entbehrten, traurig zurück. – 6. Plinius, der jene Geschichte geschrieben hat, versichert nachdrücklich (versichert und behauptet), daß diese Geschichte wahr sei. – 7. „Ich habe selbst die Kinder beim Schwimmen beobachtet. – 8. Menschen, die selbst bei dem Schauspiel dabeiwaren, haben's mir erzählt."

59-60.1 1. plures, plures, bonos, malos. – 2. multos, maximum, plurimi. – 3. pessimos – 4. Malum, optimo – 5. pessimis – 6. plura.

59-60.2 1. vino vetere, vina vetera, vinorum veterum – 2. Sie sind nicht deklinierbar. – 3. plus → plurimum, melius → optimum, maior → maximus – 4. animali prudenti, animalium prudentium, animalia prudentia – 5. liberans, liberatus – 6. trium puerorum, tribus pueris, tres pueros – 7. Femininum – 8. unius viri fortis, uno viro forti – 9. puero exsultante, puerorum exsultantium.

59-60.3 1. Aeneas, jener überaus tapfere Mann, war ein Sohn des Anchises. – 2. Zehn Jahre (lang) hatte er zusammen mit vielen tapfer kämpfenden Trojanern die Griechen von Troja abgehalten. – 3. Zuletzt aber wurden die Trojaner durch eine List des Odysseus besiegt. – 4. Denn die Verwegensten der Griechen wurden, in einem hölzernen Pferd verborgen, von den Trojanern selbst in die Stadt gebracht und öffneten nachts ihren Freunden die Stadttore. – 5. Troja, durch einen Brand verwüstet, wurde von den Griechen zerstört. – 6. Aeneas aber, der seinen greisen Vater auf dem Rücken trug, verließ die brennende Stadt und segelte mit einigen Gefährten nach Afrika, später nach Italien.

59-60.4 *Zusatzaufgaben:*
1 ... quia fortiter pugnaverant.
   ... cum ...occultarentur.
   ... postquam ... vastata est.

2. Apposition

3. temporal

4. modal.

59-60.5 durch dichten Baumbestand abgehalten werden – (nur) ein Auge auf der Stirn haben – an einer schweren Krankheit leiden – durch die Wahrheit nicht verletzt werden (können) – die Sonne(nhitze) und das Klima kaum ertragen (können) – das Schlimmste erzählen/ganz üble Dinge erzählen – sich wild aufführen – am meisten vermögen – die Schiffe zur Küste lenken.

61.1 1. In Griechenland kamen die Menschen gerne an den Orten zusammen, wo Arion auf liebliche Art und mit schönen Weisen sang. – 2. Niemand konnte nämlich auf so verständige Art und so schön Lieder vortragen. – 3. Mutig segelte Arion auch zu den Städten Italiens und Siziliens, um die von den Strapazen des Lebens geplagten Menschen zu erfreuen. – 4. Einmal schickte sich Arion an, von einer derartigen Reise mit einem kleinen Schiff in die Heimat zu segeln. – 5. Dessen Kapitän aber und die habgierigen Matrosen schickten sich an, den feinsinnigen Mann auf grausame Weise zu töten, wie ich euch schon erzählte. – 6. Arion, der sich mutig in die Wellen stürzte, wurde von einem Delphin gerettet. – 7. Später wurden jene grausamen Menschen in Griechenland streng bestraft, obwohl sie die Richter kniefällig um Gnade anflehten.

61.2 *Adverbialia:* in Graecia – libenter – in ea loca – suaviter – modis dulcibus – docte – pulchre – audacter – in oppida Italiae et Siciliae – laboribus

– aliquando – ex ... itinere – nave parva – in patriam – crudeliter – iam – fortiter – in undas – a delphino – postea – in Graecia – severe – suppliciter.

Adjektive: dulcibus – parva – avari – doctum – crudeles.

62.1 1. constantius – 2. celerrimae – 3. constanti – 4. acri – 5. celerrime – 6. celeriter – 7. doctissimum – 8. constanter.

62.2 1. *(z. B.:)* allzu träge, ziemlich heftig – 2. sehr heftig (kämpfen), pfeilschnell (segeln) – 3. Wortstock – 4. *(z. B.:)* DER FLEISSIGE Bauer arbeitet *(attr. Adj.)*; Der Bauer ist FLEISSIG *(präd. Adj.)*; Der Bauer arbeitet FLEISSIG *(Adverb)* – 5. misere, beate, prudenter, acriter – 6. miserius, beatius, prudentius, acrius – 7. miserrime, beatissime, prudentissime, acerrime.

62.3 a) summo studio philosophiae se dare – verba adversarii ridere – adulescentibus laborantibus velociter succurrere – mensas et lectos e fenestra iactavisse – bracchia vulnerata ad caelum tendere – fabulas maritimas libenter audivisse – moderate, sed fortiter sententiam dicere – complures piratas prope litus comprehendisse.

Übersetzung: sich mit größtem Eifer der Philosophie hingeben – die Worte des Gegners belächeln – den notleidenden jungen Leuten schnell zu Hilfe kommen – Tische und Kissen aus dem Fenster geworfen haben – die verletzten Arme zum Himmel emporstrecken – die Geschichten vom Meer gerne gehört haben – maßvoll, aber mutig seine Meinung sagen – mehrere Piraten nahe der Küste ergriffen haben.

b) von einem stürzenden Baum verletzt werden – zögernd zurückweichen – Sei gegrüßt, Kaiser! – von ständigem Schmerz gequält werden – den Durst nicht mit Meerwasser stillen können – in großer Zahl auf dem Forum zusammengekommen sein – Worauf zielt das ab?

62.4 modestus: superbus – tutus: periculosus – clemens: severus – beatus: miser – Graecus: barbarus – audax: timidus – doctus: stultus – antiquus: novus – clarus: ignotus – laetus: maestus – opulentus: pauper – magnus: parvus.

62.5 homo modestus – statua pulchra – tabula antiqua – theatrum novum – philosophus doctus – mores integri – poeta clarus – auctor prudens – carmen barbarum – medicus humanus.

62.6 a) celeritas: Schnelligkeit
felicitas: Glück(sgefühl)
gravitas: Gewicht, Schwere
pauper: arm
vetus: alt
calliditas: Schlauheit
severitas: Strenge

b) tristitia: Traurigkeit, Trauer
vehementia: Heftigkeit

miseria: Elend, Unglück
amicitia: Freundschaft
modestia: Bescheidenheit
clementia: Milde, Nachsicht
constans: standhaft

c) amplitudo: Geräumigkeit, Umfang
pulchritudo: Schönheit
longitudo: Länge, lange Dauer
turpitudo: Schändlichkeit, Schmach
solitudo: Einsamkeit, Stille

63.1 1. Als Ulixes einige Gefährten bei dem Kyklopen verloren hatte, kehrte er mit den übrigen wohlbehalten zu seinem Schiff zurück. – 2. Dort saß der andere Teil der Gefährten, der das Los der Freunde beklagte und voll Trauer auf den Anführer wartete. – 3. Von allen wegen seiner unglaublichen Schlauheit gepriesen, lenkte Odysseus das Schiff zur Insel der Circe. – 4. Jene Zauberin verwandelte die Menschen, die ihr entgegentraten, in Tiere. – 5. Von den Göttern unterstützt, konnte Odysseus die (Zauber-)Künste der Circe abwehren und seine Gefährten retten, so daß sie unversehrt jene Insel verlassen konnten. – 6. Dann überwand er, wobei er eine raffinierte List anwandte, auch die Sirenen, welche sich, durch seine Klugheit bezwungen, ins Meer stürzten.

63.2 1 salvus: Adjektiv/Prädikativum – maesta: Adjektiv/Prädikativum – laudatus: Partizip/Prädikativum – adiutus: Partizip/Prädikativum – incolumes: Adjektiv/Prädikativum – adhibens: Partizip/Prädikativum – victae: Partizip/Prädikativum.

63.2 2 s. Übersetzung!

63.2 3 altera pars ... dolens ... exspectans – homines sibi occurrentes

63.2 4 konsekutiver Sinn.

64-66.1 prohibes → prohibeas → prohibeatis → prohiberetis → prohiberemini → prohibeamini → prohibeantur → prohibeant → prohibent → prohibetis → prohibete → prohibe → prohibeas → prohibes → prohibebis.

64-66.2 1x) – 2z) – 3y) – 4w) – 5x) – 6z) – 7y) – 8z) – 9z) – 10z) – 11x) – 12y) – 13x) – 14w) – 15z) – 16y) – 17z) – 18w) – 19w) – 20z) – 21y) – 22x) – 23y) – 24y) – 25z) – 26z) – 27y) – 28z) – 29x).

64-66.3 1. In jenem Jahr, als der Papst durch Deutschland reiste, besuchte ich mit meinem Vater die Landeshauptstadt. – 2. Als wir die Stadt betraten, sind wir durch die Masse der dort durch die Straßen spazierenden Menschen fast (ganz) durcheinander geraten. – 3. Da mein Vater Geschäfte erledigen mußte, beobachtete ich die jungen Männer, die auf den Straßen Songs vortrugen. – 4. Sie sangen mit lauter Stimme, und immer wenn einige Menschen sie umringten, baten sie nicht gerade demütig um Geld. – 5. Als mein Vater seine Geschäfte erledigt hatte, sahen wir auf einem Feld den Papst selbst. – 6. Dann kehrten wir in unsere Stadt zurück.

64-66.4 cum temporale (Subjunktion) – cum MIT (Präposition) – cum historicum (Subjunktion) – cum causale (Subjunktion) – cum iterativum (Subjunktion) – cum historicum (Subjunktion).

64-66.5 PAREAT: er soll gehorchen – PARAS: du bereitest – PARARES: du würdest vorbereiten – PAREMUS: wir gehorchen/laßt uns vorbereiten – PARANT: sie bereiten – PARENT: sie gehorchen/sie mögen bereiten – PAREANT: sie sollen gehorchen – PARERENT: sie würden gehorchen – PARAT: er bereitet – PARETE: gehorcht! – PAREAMUS: laßt uns gehorchen!
Durch die Übersetzung ist der Verlauf der Verbindungsstriche klar!

64-66.6 1. Nachdem Romulus die Stadt Rom erbaut hatte, leitete er mehrere Jahre die Bürgerschaft der Römer. – 2. „Ich frage euch, ihr Römer", sagte er, „welche von Menschen erbaute Stadt schöner ist?" – 3. Die Römer antworteten: „Wir haben geräumige Häuser und bewundernswerte Tempel erbaut, Romulus. – 4. Aber uns fehlen Frauen; wir haben keine Gattinnen und Töchter, welche sich um diese Gebäude kümmern und die Götter verehren. – 5. Deshalb lobe nicht unser Los!" – 6. Sogleich überlegt Romulus, woher er den Mitbürgern Ehefrauen verschaffen könne. – 7. „Wir wollen Spiele und Wettkämpfe vorbereiten! Laßt uns das Volk der Sabiner einladen! – 8. Jener Stamm hat wunderschöne Mädchen; wenn die ganze Menge der Sabiner zusammengekommen ist, werden wir schnell versuchen, uns ihrer Töchter zu bemächtigen und sie in unsere Häuser führen." – 9. Die Sabiner kamen, von Gesandten eingeladen, gerne nach Rom, da sie weder Gewalt fürchteten noch eine Untat erwarteten. – 10. Plötzlich sahen sie, wie römische Jünglinge ihre Töchter auf brutale Weise raubten. – 11. So verschafften sich die Römer Ehefrauen.

64-66.7 ADHUC: bisher, bis jetzt – SECUNDUM: entlang, gemäß – MODO: eben, nur – NIMIS: allzusehr – NONNUMQUAM: manchmal – ERGO: also – QUAM: möglichst.

67.1 unius hominis, uni homini, uno homine – legionis nonae, legioni nonae, legione nona – viginti navium, viginti navibus, viginti navibus – duorum corporum, duobus corporibus, duobus corporibus – libri secundi, libro secundo, libro secundo – trium nominum, tribus nominibus, tribus nominibus.

67.2 Wir wissen,
daß Troja zehn Jahre lang vergeblich bestürmt worden ist.
daß der Name des zweiten Königs der Römer Numa war.
daß im ersten Jahrhundert vor Christus die Gallier von Caesar besiegt wurden.
daß Ovid im Jahre 8 nach Christus in die Verbannung geschickt wurde.
daß Ovid im Jahre 17 nach Christus gestorben ist.

68.1 1. Troja wurde von den Griechen erobert, und Aeneas kam nach Italien (Nachdem Troja von den Griechen erobert worden war ...). – 2. Als die Trojaner von den Schiffen an Land gegangen waren und, weil sie aller Lebensmittel entbehrten, Beute(-tiere) von den Äckern zusammentrieben, wurden (von König Latinus) große Truppenmassen zusammengerufen und er (Latinus) eilte herbei, um die Trojaner abzuwehren. – 3. Latinus wurde in einem schrecklichen Kampf besiegt (Nachdem/weil L.... besiegt worden war), legte die Waffen nieder (die Waffen wurden niedergelegt) und schloß mit Aeneas Frieden. – 4. Später wurde Lavinia dem Aeneas zur Frau gegeben und jenes Bündnis bekräftigt (... dadurch bekräftigt, daß Lavinia ... gegeben wurde). – 5. Aeneas gab Befehl, und sie erbauten die Tempel und Häuser jener Stadt, die jener nach dem Namen seiner Gattin Lavinium nannte (Auf Befehl des Aeneas ...). – 6. Aeneas starb, und sein Sohn Ascanius verließ Lavinium, und die Götter halfen ihm und er gründete Alba Longa, welche(Stadt) viele Jahre Hauptstadt des Königreiches war. (Nach dem Tod des Aeneas verließ Ascanius L. und gründete mit Hilfe der Götter ...).

68.2 **Als** die Nacht hereinbrach, kehrten die Soldaten ins Lager zurück.
Obwohl die Nacht hereinbrach, kehrten die Soldaten nicht ins Lager zurück.
Weil die Nacht hereinbrach, wurden die Soldaten ins Lager zurückgerufen.

Weil die Stadt erobert worden war, überließ der Feldherr den Soldaten die Beute.
Als die Stadt erobert worden war, kehrten die Einwohner in ihre Häuser zurück.
Obwohl die Stadt erobert worden war, schlossen die Gallier nicht Frieden.

68.3 (↗ *Grammatisches Beiheft 67.G2.2!*)

69.1 unter dem Konsulat jener Männer – auf Veranlassung des Legaten – unter der Führung des Hannibal – in Begleitung vieler Freunde.

69.2 1. Während die Freunde lachten (Unter dem Gelächter ...) erzählte der Matrose immer wieder dieselbe Geschichte.
2. Nachdem alle Kinder aus dem Fluß gerettet (worden) waren, dankten die Väter und Mütter den Göttern.
3. Nachdem er einige Gefährten verloren hatte, verließ Odysseus die Insel des Polyphem.

69.3 ridentibus: Aktiv – servatis: Passiv – amissis: Passiv.
(↗ *Grammatisches Beiheft 69.G2!*)

69.4 1. Nachdem ein großer Löwe und vier edle Hunde in ein Gehege herausgelassen worden waren, zeige Sophites dem Alexander deren Kraft. – 2. Denn die Hunde, vom König angefeuert, schonten ihr Leben nicht und griffen die Bestie an. – 3. Einem von den umherstehenden Dienern, den er herbeigerufen hatte, befahl Sophites, daß er den Schenkel des einen Hundes, der an dem Löwen hing (sich verbissen hatte), abschneiden solle, weil jener nicht nachgab. – 4. Als der Hund immer noch an dem Löwen hing, schnitt der Diener einen anderen Teil ab. – 5. Schließlich tötete er den nichtsdestoweniger verbissenen Hund. – 6. Eine solche Hartnäckigkeit wohnt jenen Hunden inne. – 7. Als Alexander dies erkannt hatte, wurde er von höchster Bewunderung ergriffen.

69.5 1. *attributive Partizipien:*
incitati – circumstantibus – haerentis – haerentem.
prädikative Partizipien:
emissis – vocato – haerente – cognita.
2. Vgl. die Übersetzung!
3. Vgl. die Übersetzung!

70.1 1. Als die Römer Syrakus belagerten, hielt vor allem Archimedes deren Truppen durch seine Kriegsmaschinen ab. – 2. Lange verwehrte jener überaus kluge Mann den Römern durch verschiedene Maßnahmen den Sieg. – 3. Nachdem die Stadt endlich erobert war, gab Marcellus den römischen Soldaten den Befehl, daß sie auf jede Weise (um jeden Preis) das Leben jenes Mannes schonen sollten. – 4. Archimedes hatte unterdessen nahe bei der Stadtmauer seine Aufmerksamkeit auf gewisse Figuren gerichtet, welche er in den Sand gezeichnet hatte. – 5. Ein römischer Soldat aber trat heran und fragte, wer er denn sei. – 6. Archimedes, auf solche Weise gereizt, schrie erbittert: „Bringe meine Kreise nicht durcheinander!" – 7. Darauf tötete ihn der Soldat mit dem Schwert. – 8. Marcellus soll dies (davon) nicht ohne Schmerz gehört haben.

Adverbien:
imprimis
tandem
interea

Ablative:
machinis suis
variis modis
omni modo

acriter
tum

Präpositionalgefüge:
prope moenia
in arena
non sine dolore

hoc modo
gladio

Prädikativum:
lacessitus

70.2 1. Zu der Zeit, als Archimedes schon 145 Jahre tot war, befand ich mich als Quaestor in Sizilien. – 2. Als ich zu jenem Platz gekommen war, fand ich, ohne es zu beabsichtigen, das Grab des Archimedes. – 3. Ich hatte nämlich in der Schule gehört, daß gewisse Verse auf dem Grabmal des Archimedes geschrieben seien (stehen), die ich im Gedächtnis hatte. – 4. Aus diesen Versen wußte ich, daß oben auf dem Grab eine Kugel aufgestellt war. – 5. Als ich durch jene Gegend zog, sah ich ein eigenartiges Grab. – 6. Nachdem der Weg zur Grabplatte durch Sklaven freigelegt worden war, trat ich hinzu. – 7. Als ich die teilweise zerstörten Buchstaben erkannte, merkte ich, daß ich jene Verse gefunden hatte. – 8. So hätte die berühmteste Bürgerschaft Großgriechenlands das Denkmal jenes edlen Mannes nicht gekannt, wenn ich es nicht aufgespürt hätte.

Gliedsatz oder Partizip in Funktion einer adverbialen Bestimmung: ↗*Grammatisches Beiheft 70.G2.*

70.3

A	V	A	R	I	T	I	A	M
M	E	M	O	R	I	A	D	A
I	T	A	G	A	U	M	E	N
C	A	V	E	■	B	E	N	E
U	T	E	N	S	I	L	O	B
S	O	R	T	E	L	O	H	E
F	L	E	N	T	A	Q	U	A

Notizen